CRIME ET BLANCHIMENT

De Thierry Jean-Pierre

Bon appétit, messieurs!, Fixot, 1991.

De Patrice de Méritens

Le mal européen (le surprenant trompe-l'œil de l'« acte unique »), Rivages, 1987.
Les masques du terrorisme, (en coll.) Fixot, 1991.
Les mots de Dieu, Plon, 1993.

Thierry Jean-Pierre
Patrice de Méritens

CRIME ET BLANCHIMENT

LE GRAND LIVRE DU MOIS

Il n'est pas simple de faire un livre à deux. Pas simple de se mettre d'accord et sur le fond et sur le ton à adopter, pas simple d'être critique du travail de l'autre tout en acceptant une manière différente de raisonner et de faire. Il y faut beaucoup de compréhension mutuelle, de respect quelquefois et d'amitié, toujours.

Ce livre est né d'une urgence. Il fallait convaincre de la nécessité absolue de combattre le blanchiment de l'argent sale. Il fallait aussi tenter de mobiliser quelque temps l'opinion et, pour un moment, personnaliser la lutte. Nous avons donc choisi de me faire parler. Et nous nous sommes mis au travail : à l'un l'enquête, à l'autre le premier jet de l'écriture, aux deux, la réflexion...

Thierry Jean-Pierre

Introduction

Mars 1991. Paris. Je cherche le siège d'Urbatechnic-Gracco, le bureau d'études le plus célèbre de France. Seul, devant l'immeuble où une plaque de cuivre manque en façade, j'hésite, troublé. Je passe le porche, au culot. Si on me demande ce que je fais là, j'inventerai bien quelque chose. Je monte les étages. Aucune trace d'Urba ! J'attends dans l'escalier. Quelqu'un monte, les bras chargés de courrier, et disparaît par une porte du troisième étage. Sur les portes du palier, aucune indication ne permet de savoir quelle société occupe ces locaux. Je suis perplexe. De deux choses l'une : ou bien Urba a déménagé et c'est une autre société qui l'a remplacée ici, ou bien Urba est toujours là et se fait le plus discrète possible. Comment savoir ? Je ne vais quand même pas sonner à la porte !... Du moins pas encore.

J'ai rendez-vous à midi à l'École nationale de la magistrature avec des amis. Je remarque, à l'entrée de l'école, un nombre inhabituel de voitures officielles. Devant la porte, des policiers en gants blancs me laissent passer sans même me demander ma carte. Un buffet est dressé dans la grande salle. Un sac de voyage à la main, je vais téléphoner dans le hall où trois gardes du corps ne prêtent pas attention à moi.

Au moment où je repose le combiné, un brouhaha me fait tourner la tête. Henri Nallet raccompagne à sa voiture Michel Rocard, à qui l'on met sur les épaules un imperméable. En voyant passer, juste devant moi, le garde des Sceaux, suivi de près par Pierre Arpaillange, je ne peux m'empêcher de frémir. Je ne suis rien par rapport à eux. Que vaut un juge seul face aux premiers représentants d'un État ?

Michel Rocard inaugurait ce jour-là l'Institut des hautes études sur la justice...

Le risque, je l'ai pris... Deux années ont passé. Deux années durant lesquelles la France, baignant dans les scandales, a été prise de spasmes, de haut-le-cœur. Les élections législatives ont fait basculer le parti socialiste dans une sorte d'opposition-croupion, tant le raz de marée, le rejet ont été puissants. Laurent Fabius, au soir du 28 mars, le constatait :

– C'est le cœur qui s'éloigne...

La France n'est pas seule à vivre ce séisme de société. L'épidémie s'est abattue sur l'Europe. En Espagne, le P.S.O.E. [1], encore vivace, est dans la ligne de mire des magistrats, avec l'affaire Siemens.

1. Parti socialiste ouvrier espagnol.

Trois membres du P.S.O.E. ont touché de la firme allemande d'importantes commissions pour l'« aider » à emporter le marché d'électrification de l'A.V.E., le T.G.V. espagnol qui relie Madrid à Séville. Le contrat, d'abord attribué à Alsthom, s'élevait à quatre milliards et demi de francs. Et ce n'est que le début des révélations.

Le virus de la corruption est partout. En Italie, il vient de terrasser la classe politique entière. Après la démission de Bettino Craxi, premier secrétaire du P.S.I. [1], et son passage sous les fourches caudines de la justice, le pays a assisté, consterné, aux « funérailles de la Première République ». Accusé d'avoir violé la loi de financement des partis, l'ex-numéro un socialiste a entraîné dans sa chute des ténors avec lesquels il a partagé le devant de la scène politique pendant plus de vingt ans. Le ministre de la Justice lui-même, Martelli, à la barre d'un prétoire ? Incroyable !

L'opération « mains propres » révèle ses surprises. Craxi aurait été le titulaire d'un compte en Suisse où ont « transité » sept millions de dollars destinés aux caisses du P.S.I. Pire, une douzaine de businessmen italiens ont avoué aux autorités judiciaires avoir payé des « commissions » au P.S.I. pour décrocher des contrats de plusieurs millions de dollars avec l'État ou les régions.

Qui aurait dit au juge milanais Di Pietro que la simple affaire de malversation qu'on lui avait confiée aboutirait au plus grand scandale de l'histoire italienne ? Une banale histoire de pots-de-vin

1. Parti socialiste italien.

dans un hospice se termine en opération « nettoyage anticorruption ». À l'automne 1993, en dix-huit mois, la justice italienne a abattu un travail de Titan : plus de deux mille arrestations ; levées d'immunité parlementaire en masse. Avec les conséquences dramatiques : suicides dans les prisons. Et les réactions des « éléments de l'ordre ancien » : attentats à Florence, Rome et Milan.

Schématiquement, la classe politique italienne a prospéré d'une double manière : aux socialistes les pots-de-vin ; aux démocrates-chrétiens la collusion intime avec les sociétés criminelles : Mafia, Camorra, Ndrangheta. Dernier traumatisme en date : la terrible accusation contre l'ancien Premier ministre Giulio Andreotti : avoir conclu avec Cosa Nostra un « pacte de fer »...

Février 1993, je pars pour Milan. À deux pas du Dôme et de ses dentelles de pierre, le palais de justice écrase de sa masse tout le quartier alentour. Construit par les architectes du régime mussolinien, il évoque irrésistiblement, avec ses escaliers démesurés et ses immenses façades aveugles, les fastes vides et terribles du régime fasciste du Duce. Mollement filtrés par des carabiniers nonchalants, les justiciables ou les curieux se mêlent, dans un brouhaha incessant, aux avocats en robe, radiotéléphone à l'oreille, et aux journalistes en mal de rumeurs. Dans les étages, au-dessus des salles d'audience, au bout d'interminables couloirs aussi larges que sinistres, les bureaux des juges.

Dans l'un d'eux, le juge Colombo (ça ne

s'invente pas) me reçoit. Avec Di Pietro, il est un des promoteurs de l'opération « mains propres ». Look à la Einstein et grosses lunettes de myope, Colombo parle. Oui, la corruption a gagné tout le pays. Oui, la plupart des hommes politiques sont mêlés de près ou de loin à ces affaires. Oui, l'Italie est secouée par une violente crise morale. Oui, la situation est dangereuse. Oui, la solution est politique et seulement politique. Colombo souhaite une amnistie générale :

- Qu'ils s'expliquent devant le pays et rendent tout l'argent qu'ils ont détourné et surtout qu'ils ne recommencent plus...

Colombo parle aussi de son métier. Il faudrait plus de temps, plus de moyens (air connu), il faudrait aussi pouvoir retrouver la trace de tout cet argent sale investi en Suisse ou ailleurs.

À deux cents kilomètres de là, sur les contreforts des Alpes, la petite ville d'Aoste enserre dans ses monumentales murailles de forteresse romaine un petit tribunal dont le procureur est connu de toute l'Italie : Mario Vaudone. C'est lui qui a sorti, il y a dix ans, l'affaire des pétroles, un énorme réseau de blanchiment d'argent provenant du trafic de l'héroïne.

Âpre, le visage creusé par une ancienne fatigue, Vaudone raconte. Il dit comment les blanchisseurs opèrent, brassant l'argent liquide, l'injectant dans des sociétés fantômes, le transférant à Lugano, Genève ou Paris, puis le recyclant dans les circuits économiques légaux. Il est convaincu de la nécessité d'une collaboration européenne. L'Europe des mafias ne pliera que devant l'Europe des juges et des flics. Et le principal obstacle à cette Europe judiciaire ne vient pas tant des états-majors mafieux que d'un certain personnel politique, beaucoup plus occupé à sauvegarder ses prébendes et ses mandats électifs qu'à résoudre les problèmes du temps.

En écoutant parler Vaudone, en le voyant réfléchir au mot juste à employer, avec toujours le même sourire un peu triste accroché au coin des lèvres, je comprends. Je comprends combien il a été vital que les opinions publiques française, italienne ou allemande prennent la mesure de la corruption politique et de la toute-puissance des mafias. Je comprends aussi que le blanchiment de l'argent noir est le véritable nerf de la guerre des organisations criminelles et des corrompus. Sans recyclage, pas de vraie richesse et donc pas de reconnaissance sociale.

De retour en France, je rencontre François d'Aubert, député de la Mayenne. La cinquantaine élégante. Grisonnant, les traits marqués à la fois de douceur et d'amertume, son visage est connu ; l'enquête sur l'affaire Paretti pour la reprise de M.G.M. et ses démêlés avec le Crédit Lyonnais prouvent, malgré sa voix mesurée, qu'il est capable de coups de gueule. D'Aubert n'est pas un leader charismatique. Mais il est tenace. Très tenace... La « zone grise » où se retrouvent mafias et blanchisseurs a induit la création d'une commission parlementaire qu'il a présidée et dont le rapport a été rendu public fin janvier 1993.

Il y pose le problème fondamental : « La France est-elle à l'abri de la Mafia ?

« Diverses informations ont fait état ces derniers mois de l'influence croissante de la Mafia italienne dans notre pays. Les assassinats, en mai et juillet 1992, des juges Falcone et Borsellino, plus récemment l'arrestation à Palerme de Salvatore Riina, numéro un de Cosa Nostra, ont fait prendre conscience à l'ensemble de l'Europe des risques encourus.

« Il y a quelques semaines, en Allemagne, la presse s'est fait l'écho de préoccupations et d'informations venant de la police fédérale selon lesquelles plusieurs dizaines de milliards de marks auraient été investis, en 1991 et 1992, dans les Länder de l'ancienne Allemagne de l'Est par les organisations criminelles italiennes. Différents ouvrages, publiés il y a peu, ont montré comment certains paradis fiscaux européens – Monaco, Luxembourg, Jersey, notamment – pouvaient servir, par les nombreuses facilités qu'ils offraient, au recyclage de ce qu'il est convenu d'appeler l'argent sale.

« Pour quelles raisons particulières la France serait-elle protégée ? »

Ce que d'Aubert, en parlementaire avisé, fait comprendre à ses concitoyens, les spécialistes, lors de colloques ou de réunions de travail, l'affirment : en vérité, la France est déjà gangrenée.

Fin février 1993, je participe à un stage de formation continue organisé par l'École nationale de la magistrature sur le blanchiment, la qualité des différentes interventions et les rencontres qui ont suivi avec des policiers américains et français ou des banquiers me laissent un goût de cendre ; mi-mai, stage au service des jeux des Renseignements généraux. La France est l'un des pays les plus prisés par les blanchisseurs, c'est encore une terre vierge. La législation antiblanchiment y est embryonnaire et inadaptée, les banques ferment les yeux et les administrations ne se sentent pas concernées. La justice y est, comme à son habitude, désarmée, et les affaires des recycleurs professionnels fleurissent, inattaquables. Seuls quelques députés et une poignée de professionnels, magistrats, policiers ou gendarmes, se préoccupent de ce nouveau fléau.

Dans l'indifférence générale ?

Pourtant l'enjeu est de taille : la drogue est celle-là qui empoisonne nos enfants ; et sa culture asservit les paysans du tiers-monde; l'argent sale pollue l'économie, et la corruption, la morale publique. Lutter contre la grande délinquance financière, c'est se battre contre tout cela à la fois.

Ce livre n'a pas d'autre prétention que d'être un outil. Un outil de combat.

Notre pays ne doit plus être une terre d'accueil pour les narco-capitaux, mais un sanctuaire inviolable. Pour cela, il faut convaincre et travailler, si on nous en donne les moyens...

I

Froidement, la corruption...

1. « J'arrose, tu croques »

Les moyens ! Honnêtement, sur le plan strictement matériel, dans ma bonne ville du Mans, les magistrats n'ont pas à se plaindre. La nouvelle cité judiciaire est superbe : un palais ultramoderne, béton brut, aluminium, verre. Ascenseurs silencieux. Pas un grain de poussière. Lumière du jour intense. Je demeure cependant toujours un peu surpris par les trois cent quatre-vingt mille francs qui ont été consacrés à la sculpture moderne suspendue dans la salle des pas perdus : aux trois extrémités de branches équidistantes pendent une moitié de canoë enduite de résine et de goudron, une boule de verre de cinquante centimètres de diamètre remplie de sulfate de cuivre et deux projecteurs halogènes qui éclairent l'ensemble. Cette bizarrerie en relief est censée représenter l'énergie... Et il en faut !

Car ici les juges sont débordés. Quelle que soit leur spécialité, ils n'en peuvent plus de juger à la chaîne sans pouvoir prendre le temps de faire normalement leur métier.

Je regarde ma table de travail : une vingtaine de pochettes roses toutes fraîches s'y empilent : les « nouveautés », l' « arrivage ».

Coup d'œil synoptique sur le fichier des détenus. En rouge, les détenus criminels : viols, incestes, braquages, meurtres... En jaune, les détenus correctionnels : vols, coups et violences volontaires, escroqueries, trafic de stupéfiants... Vaste programme. Et observation immédiate : plus large est le râteau, plus grands sont les interstices. Il y a un vide effrayant, en France, en matière économique et financière, où il n'existe pas de juges spécialisés. Si votre formation personnelle vous donne quelque compétence particulière, elle ne sera pas prise en considération, et les dossiers de banqueroute, d'abus de biens sociaux, de corruption ne vous seront pas forcément attribués. C'est surprenant, mais c'est ainsi.

Le monde de la corruption peut se résumer de façon simpliste : il y a ceux qui « arrosent » et ceux qui « croquent », avec dans les cas difficiles une part de violence.

La presse a fait le recensement du vocabulaire de base concernant la corruption. Il y a les mots qui appartiennent aux juges : ils sont austères. Ceux des truands et des « pros » sont plus folkloriques. Commençons par l'autorité.

Corruption passive : est corrompu le fonctionnaire

ou salarié du privé qui aura sollicité ou reçu des dons ou présents pour accomplir ou ne pas accomplir un acte dépendant de sa fonction ou de son emploi.

Corruption active : corrompt celui qui propose dons ou présents pour obtenir l'accomplissement ou l'abstention d'un acte.

Concussion : est concussionnaire l'agent qui extorque ou entend extorquer à l'administré une somme prétendument due en vertu des lois.

Ingérence : s'ingère l'agent public ou celui qui, ayant quitté ses fonctions depuis moins de cinq ans, entre directement ou indirectement en collusion avec des intérêts qu'il a ou avait la charge de contrôler.

Trafic d'influence : abuse d'une influence réelle ou supposée celui qui sollicite ou reçoit des avantages amicaux, dons ou présents, pour faire obtenir des décorations, places, marchés ou décisions de la puissance publique.

Passons au folklore des « pros », il est plus savoureux.

Bakchich, pot-de-vin : somme d'argent qui se donne en plus du prix convenu dans un marché afin d'obtenir quelque chose de manière illégale.

Arroser : faire preuve de générosité dans la distribution des bakchichs.

Croquer : accepter de l'argent ou des cadeaux pour « rendre service ».

Manger : se dit surtout d'un policier qui « croque ».

Étouffer : certains intermédiaires conservent

pour eux-mêmes l'argent qu'ils devraient distribuer aux corrompus. (Vulgairement, ils étouffent le fric.)

Gourmand : certains « mangeurs » ont plus d'appétit que d'autres.

Mouiller : faire goûter à un novice les avantages de la corruption.

Tomber : se mettre à « manger ». Mais aussi se faire prendre.

Pour clore ce petit vade-mecum de la corruption ordinaire, difficile de résister au plaisir d'évoquer une histoire, ancienne mais typique, de corruption... forcée ! Voici l'affaire, assez perverse. Un chef d'entreprise de travaux publics, un jour, rentre chez lui avec une excellente nouvelle : il vient d'obtenir de la manière la plus légale qui soit un très gros contrat, la démolition d'une falaise. Bulldozers, Caterpillars, camions-bennes, déchargement... tout doit disparaître. Tout ! Tout ! Table rase !...

Quelques jours plus tard, il reçoit la visite privée de l'ingénieur des Ponts et Chaussées chargé des travaux, qui l'invite au mariage de sa fille.

– Je suis très honoré, dit le chef d'entreprise.

– Nous avons pensé, ma femme et moi, que vous pourriez faire un petit cadeau, ajoute tout à trac le fonctionnaire.

– Bien sûr, répond le patron interloqué.

– C'est que les jeunes mariés auraient besoin d'une belle voiture, une CX...

– Cela tombe bien, j'en attends une prochainement, je me ferai un plaisir de vous la prêter pour la cérémonie.

– C'est que, renchérit l'ingénieur, très décidé, dans une petite ville, il est gênant pour des jeunes mariés d'avoir une belle voiture pour la noce et de ne pas la conserver le lendemain.

Le patron comprend enfin ; alors, pour apaiser son inquiétude, sinon ses scrupules, l'heureux père de famille précise aussitôt :

– Bien sûr, je serai très généreux pour le mesurage des mètres cubes enlevés. D'ailleurs, j'ai déjà commencé et, comme à la fin du chantier il n'y aura plus de falaise, on n'y verra que du feu.

On le voit, le domaine de la corruption est vaste, allant de la petite magouille provinciale à la haute industrie financière des narco-capitaux. En tout cas, le résumé est bref : « j'arrose, tu croques ». Pour le monde de la lutte contre la corruption, où se côtoient corrupteurs, corrompus, policiers et juges, c'est autre chose. Car c'est un monde mouvant. Il s'y pose un problème majeur : celui de l'efficacité.

Généralistes du droit, les juges ne valent que par leur capacité à retrouver rapidement une information juridique et à l'intégrer dans le cas d'espèce qui leur est soumis. En matière financière, cette difficulté initiale se double d'un obstacle technique et culturel : on ne travaille pas efficacement dans un domaine qui n'est pas le sien et pour lequel on n'a pas de goût. De fait, les dossiers financiers traînent souvent plusieurs années à l'instruction et, d'expertise en contre-expertise, finissent par échouer, un beau jour de pluie, sur l'estrade d'une quelconque chambre correctionnelle.

Pas de spécialisation, donc. Une simple tentative, en 1975, sous Giscard. Mais la gauche avait hurlé aux juridictions d'exception, à l'encore vivante Cour de sûreté de l'État, etc. Alors ces juridictions particulières ont reçu *compétence facultative* et n'ont jamais véritablement fonctionné.

Or, vingt ans plus tard, le constat est des plus amers : la délinquance financière génère des infractions au coût social démesuré : une banqueroute, une belle banqueroute bien véreuse, atteint cent millions de francs. Qui paye en fin de compte ? Nous tous bien sûr. Pour arriver à ce chiffre avec des infractions de droit commun, il faut plus de mille affaires... des grosses !

Et c'est ainsi que s'opèrent dans l'ombre quelques « coups » particulièrement juteux, tandis que les juges d'instruction croulent sous les dossiers généraux : attentats à la pudeur dans les cages d'escaliers, vols à la roulotte au supermarché, escroqueries à la petite semaine.

Bref, à l'instant froid du diagnostic, les magistrats instructeurs l'avouent : « On est complètement *out* pour ce type d'infractions. »

Comment réagir contre cet état de fait ?

La première idée, embryonnaire, est de donner aux juridictions spécialisées créées par Giscard une compétence obligatoire, puis de former à la matière financière juges d'instruction et membres des parquets.

Une seconde idée est de créer une sorte de cellule de coordination, comme en Italie pour la lutte anti-Mafia, qui serait tout à la fois une aide opérationnelle pour les magistrats régionaux et un service de documentation digne de ce nom. Car le nerf de cette guerre-là sera l'information. Est-il utile de préciser que la justice française vit, ici comme ailleurs, à l'ère du papyrus...

Prenons un exemple : une sournoise et complexe affaire de délinquance immobilière et une piste qui mène vers le président-directeur général d'un grand groupe. L'homme a de la défense. Sa vie a été riche en événements. Si le juge chargé du dossier était rédacteur dans une grande revue économique, il se précipiterait vers les documentalistes de son journal. Le lendemain, sur son bureau, il trouverait le dossier de toutes les coupures de presse parues depuis dix ans sur le personnage et son environnement connu. Rien de tel dans l'organisation judiciaire. Carence qui se fait cruellement sentir. Les jours d'enquête passent, dans une désespérante lenteur. Les éléments s'agrègent au rythme des barques au fil de l'eau. On a beau être fonctionnaire, il n'est pas interdit d'en éprouver une furieuse impatience. Conclusion : en amont de ces tribunaux spécialisés, il faut créer une documentation généraliste regroupant l'information « ouverte » (presse, édition) et les données plus confidentielles (police, gendarmerie, magistrats). Baliser, repérer un terrain d'enquête, c'est gagner des mois de travail. N'est-il pas extraordinaire qu'il faille, ici et maintenant, énoncer de telles évidences ?

Reste à délimiter le champ d'action de ces nouvelles juridictions : la corruption, bien sûr, la grande délinquance financière, sûrement, mais aussi les *circuits de blanchiment de l'argent sale;* Ce dernier choix s'imposant de lui-même au terme d'une découverte : les *lessiveuses*.

Le mot ne figure pas dans le vocabulaire traditionnel de la délinquance financière. Il est nouveau, mais recouvre une réalité effrayante désormais implantée sur toute la planète. Les réseaux de corruption empruntent des voies qui permettent de faire passer de l'argent noir dans des circuits qui le « grisent » d'abord, puis le blanchissent. Ces circuits, ce sont les lessiveuses. On pense immédiatement à certaines grandes banques de paradis fiscaux. Mais non. Il n'y a pas que cela. Sinon ce ne serait pas une vraie découverte. Il s'agit d'officines discrètes, des petites boutiques dont l'allure minable contraste violemment avec l'ampleur des « affaires » qu'elles traitent. Les lessiveuses sont polyvalentes, drainant le fruit de la fraude fiscale, l'argent de la drogue, du trafic d'armes, du terrorisme, du proxénétisme, les fonds d'organisations criminelles. Elles brassent des flux financiers internationaux. Elles prospèrent, au sein même de notre pays, loin des cocotiers des îles Caïmans, en marge des portes capitonnées du grand-duché de Luxembourg. Un exemple ? Biarritz. C'est toute une histoire...

2. La « lessiveuse » de Biarritz

J'ai fait la connaissance de René Wack, le patron de l'O.C.R.G.D.F. (l'Office central de répression de la grande délinquance financière), au cours d'une conversation... téléphonique. Je cherchais, il y a quelques mois, un service susceptible de travailler sur un dossier mettant en cause un homme d'affaires influent. Après le refus de la Direction centrale de la police judiciaire de prendre l'affaire, il fallait bien trouver une autre unité. Pas question de saisir le S.R.P.J. d'Angers, qui m'avait déjà fait faux bond dans l'affaire Urba. Restait Wack.

Peut-être que... Je téléphone du Mans à Nanterre. On me passe le « patron ». Une voix bien timbrée, volontaire, à l'abord franc. J'expose mon affaire. René Wack saisit, puis m'oppose une fin de non-recevoir.

– Désolé... mais nous ne nous occupons que de blanchiment.

S'ensuit une conversation des plus intéressantes qui me fait décoller des arnaques immobilières pour me projeter dans le monde international des réseaux de blanchiment. Ce premier contact, pour fugace qu'il soit, provoque chez moi une sorte de déclic...

Début 1993, c'est le même René Wack qui anime, à l'École nationale de la magistrature, le stage sur les techniques de recyclage de l'argent sale. À l'issue d'un de ses exposés, je demande à le voir. Je voudrais en savoir plus.

– Rien de plus simple. Venez dans mon service. Sachez simplement que je suis, comme vous, soumis au secret de l'enquête...

Me voilà donc devant le commissaire Wack, à Nanterre, dans des locaux modernes où règne une ambiance un peu stressante, assez agressive. Le patron de l'O.C.R.G.D.F., la quarantaine affirmée, cheveux gris, visage aux traits puissants, a le physique de sa fonction. Il est de taille moyenne, trapu. Au cours des interrogatoires, il fonce et occupe le terrain. Voilà pour la description au premier degré. La suite est intéressante. Le commissaire parle couramment trois langues, voyage sur tous les continents (beaucoup en Europe de l'Est, ces derniers mois), il a l'esprit délié, agrémenté d'une grande soif de culture. Une mémoire excellente. Et une manie : les schémas. Dès que s'échafaude dans sa cervelle de stratège une théorie ou une suite de concepts, il l'ordonne aussitôt sur le papier avec des encadrés, des cartouches, des mots cerclés, auxquels correspondent une multitude de flèches à double pointe. L'englobant, l'englobé, la réflexivité, la progression, la rétroaction, l'affinité, il marche à cela, René Wack. Il ne croise jamais les mains sur son bureau et s'en excuse presque :

– Je fais des schémas parce qu'il vaut mieux faire des schémas.

Napoléon le disait avant lui.

Dès la création de l'O.C.R.G.D.F., le 9 mai 1990, René Wack est hanté par l'efficacité. Il doit faire ses preuves. L'Office (une douzaine de personnes au début) comprend aujourd'hui un commissaire, deux gendarmes, un inspecteur des impôts et seize inspecteurs de police. Il est subdivisé en un groupe d'analyse du renseignement et en deux groupes opérationnels (un pour les « stups », l'autre pour les mafias). Wack hume l'air ambiant, lance quelques rets dans le monde de la finance, s'intéresse aux structures mafieuses corses, se penche sur le financement du terrorisme. Objectif : le séparatisme basque et E.T.A. Il consulte à ce propos ses collègues P.J. des autres services, fait le recensement des « informations dormantes », ces bribes de vérité qui, ajustées en puzzle, peuvent ne rien donner comme elles peuvent subitement faire apparaître un visage criminel. Et dans son collimateur apparaît soudain une cible : il existe au Pays basque – disons à Biarritz – un bureau de change dont le directeur a eu maille à partir avec la justice pour ses liens avec E.T.A.

Premier stade : vérification sur place. On repère, au tourniquet de la porte, beaucoup de « passeurs » professionnels, porteurs de valises emplies de billets. Par le biais de recherches administratives, on détermine le chiffre d'affaires : cinq cents millions de francs de conversion pesetas-francs par an. Colossal pour un petit bureau opérant dans le tourisme !

Le commissaire murmure :

– L'approche est bonne. On continue.

Deuxième stade : surveillance de routine. L'affût, peut-être du gros gibier ? Le directeur du bureau s'absente souvent pour téléphoner dans des cabines publiques. Bizarre... On le file. À minuit il se retrouve au milieu d'un terrain vague avec un passeur qui lui remet une valise de billets. Le correspondant nocturne est rapidement identifié : il a été interpellé quelques années auparavant avec une partie de la rançon de l'enlèvement d'un industriel basque. Ça devient sérieux...

Troisième stade : le commissaire Wack s'inquiète. Il fait « tourner » rapidement ses équipes d'enquêteurs venus de Paris à Biarritz. La ville, avec ses rues étroites, est un terrain à risque. L'étranger y est rapidement repéré. Wack décide d'alléger la surveillance « au contact » et demande, via le ministère de l'Intérieur, l'autorisation de procéder à des écoutes téléphoniques administratives.

Ici, un mot d'explication pour saisir la différence entre *écoutes judiciaires* et *écoutes administratives*. Les écoutes judiciaires ne peuvent être ordonnées que par un juge d'instruction. Or, depuis juillet 1991, ont été légalisées les écoutes administratives dépendant directement du Premier ministre. Elles concernent des cas bien précis : atteinte à la sûreté de l'État, terrorisme, criminalité organisée. Le centre nerveux des « grandes oreilles » est situé à Paris, aux Invalides. L'O.C.R.G.D.F., en sa qualité d'Office central, s'est engouffré dans cette brèche en clair-obscur du pouvoir de l'État pour procéder à des enquêtes dites « préalables ». En droit, l'expression ne veut rien dire. C'est un pur néologisme policier qui signifie : sérier les champs d'investigation avant qu'un juge d'instruction ne soit saisi et surveiller certaines personnes après autorisation du Premier ministre, en sachant que les transcriptions de ces écoutes – à la différence des écoutes judiciaires – ne pourront pas être jointes au dossier pénal. La démarche est totalement hypocrite et des plus efficaces.

O.K. pour Biarritz... Les transcriptions arrivent sur le bureau de Wack. Elles sont surprenantes. Appel en Suisse. Évocation de comptes bancaires dont les titulaires portent le nom d'une fleur, toujours la même, mais qu'il est inopportun de révéler ici. Changeons-le. Cela donne :

– Il faut dire à Coquelicot que...

Quatrième stade : l'enquête de l'O.C.R.G.D.F. est baptisée « Opération Coquelicot ». Les écoutes révèlent un lien permanent entre Biarritz et un bureau de change à Paris, lui-même filiale d'une société financière à Genève. Une première « touche » : l'un des individus qui fréquentent le bureau de Biarritz se fait coincer par la douane volante non loin de la frontière espagnole avec une trentaine de kilos de cannabis dans sa voiture. Première filière de trafic de stupéfiants.

Cinquième stade : ouverture de l'information judiciaire. Biarritz - Paris - Genève : l'affaire est internationale. Wack savoure le bonheur de diriger un service central ; il est en contact permanent avec les « stups » français et étrangers, ainsi qu'avec de nombreux magistrats... suisses, en l'occurrence. Et le renseignement resté « dormant » s'active soudain : une deuxième filière « stups » est repérée. Des trafiquants d'héroïne iraniens portaient sur eux, lors de leur arrestation, des reçus provenant du bureau de change de Paris.

En Bretagne, un bateau est arraisonné avec, à fond de cale, près d'une demi-tonne de cannabis. Le financement du navire et de la marchandise provient de Genève et a transité par le bureau de Paris : troisième et dernière filière.

Durant six mois, les écoutes se poursuivent. Le puzzle se complète. Le grand patron est à Genève, la maison mère à Paris. Biarritz est lié à E.T.A. et l'une de ses activités les plus lucratives est la contrebande d'or avec l'Espagne. Les pesetas arrivent en liquide par valises. Le titrage de l'or entre la France et l'Espagne est le même, mais on triche sur la T.V.A. L'or monétaire, coté chaque jour, n'est pas soumis à la T.V.A., au contraire de l'or matière première, qui est taxé à 18,6 %. Et c'est là que le crime est presque beau, parce qu'il fait appel à la fusion des métaux, au feu, au noble art du forgeron. On achète en France de l'or monétaire sans T.V.A. On le fait fondre clandestinement pour l'utiliser comme matière première. À la sortie du creuset, sans autre manipulation, avec le même poids d'or, le gain est de 18,6 %. Formellement illégal. L'or monétaire ne doit pas être fondu... et il se retrouve sous forme de bijoux ! Exemple sonnant et trébuchant de fraude fiscale.

Et les comptes « Coquelicot ? » Impossible d'enquêter discrètement en Suisse. Le faire officiellement par le biais d'une commission rogatoire internationale aurait le même effet que les sirènes hurlantes de voitures de police pénétrant dans un quartier chaud. Paris et Genève se concertent. Le commissaire Wack veut frapper un grand coup : casser immédiatement le réseau.

L'argent de la drogue a circulé par trois fois dans la lessiveuse. Les preuves sont là. Les magistrats instructeurs français et helvétiques se rencontrent à Paris. Ils décident conjointement que les interpellations auront lieu simultanément à Biarritz, Paris et Genève. Vingt-cinq personnes sont arrêtées : quatre en Suisse, vingt et une en France. On ratisse large pour « assurer ». Ensuite, on fait le tri. À l'issue de la garde à vue, un certain nombre de prévenus sont relâchés. Pour les autres, les interrogatoires se poursuivent... Mais ceux-là, ce sont des coriaces. On épluche les documents : comptabilité globalisée, le détail des transactions n'apparaît donc pas. Tant de pesetas égale tant de francs. Impossible d'identifier les clients. À Paris, des petits papiers enfermés dans un coffre révèlent des noms... cryptés, évidemment.

– Qu'avez-vous à dire à cela ?

– ...

Rien. Ils n'ont rien à dire, tant en Suisse qu'en France. Des « pros », des durs à cuire. Et intelligents, avec ça ! Ne s'improvise pas financier d'argent noir qui veut.

Wack et son équipe sont dans une impasse. Aucun contrôle n'a pu être opéré avant le coup de filet. Le fisc ? C'était hors de question. Les rats auraient senti le vent venir. Et puis l'administration ne réclame aux sociétés commerciales que des comptes globaux, et non des comptes de clientèle.

En Suisse, tous les clients sont codés. Le code E.T.A. « Coquelicot » n'apparaît pas ; il est reculé dans la nébuleuse des comptes, derrière d'autres codes. Les intitulés sont folâtres, du style : « petite culotte », « bottes de cuir », « chapeau melon », « talons aiguilles »...

– Qui est « petite culotte » ?

Il faut imaginer l'équipe de l'O.C.R.G.D.F., composée pour moitié de policiers financiers – les autres venant des « stups », de la criminelle et de la lutte antiterroriste –, atterrissant à Cointrin, l'aéroport de Genève, avec, en perspective, cette question à poser aux banquiers helvétiques.

Muni d'une commission rogatoire internationale, le commissaire Wack débarque à Genève. Il pénètre dans le hall immense, miroitant et marmoréen, de la banque où sont les comptes de la société financière suisse qui téléguidait Paris et Biarritz. Les doubles portes à capiton s'ouvrent devant lui. Le commissaire sait qu'il va falloir finasser avec le secret bancaire. Théoriquement, les Suisses ont levé ce tabou. Mais en pratique... L'accueil est courtois et froid, avec cette discrète répugnance de la toute-puissance de l'argent, l'argent fluide et silencieux, pour tout ce qui ne raisonne pas en termes de pouvoir. La première approche est sans danger pour la banque : la société financière a plusieurs comptes à son nom. Ce sont les « entrées ». À chacune de ces entrées correspond un sous-compte avec un nom, et à chaque sous-compte correspond une cascade de quinze autres comptes en relation avec d'autres banques. En tout, sur cette affaire, plusieurs centaines. L'autorité judiciaire se sent partir dans la forêt. Cela ressemblait, en lisière, à un sous-bois, mais devient une jungle. Premier compte : global. Deuxième compte : global. Plongée dans les sous-comptes : tiens ? Une personne physique. Pour qui « roule »-t-elle, cette personne écran ? C'est là que le sourire du banquier se givre : quel est le délit reproché ? Il va falloir en discuter, et âprement, puisque derrière l'écran...

Mais avant d'aborder le point d'achoppement de l'enquête, voyons-en les points positifs. On observe de façon globale des mouvements de fonds qui circulent en Europe, filent en Asie, passent par les Caraïbes, prospèrent aux États-Unis, tournent en Amérique du Sud. Une spirale financière internationale de blanchiment où, à l'argent d'E.T.A., issu de l'impôt révolutionnaire et de rançons d'enlèvements, se joint à Biarritz celui de la corruption. Paris reçoit la drogue et en « épure » l'argent, tandis que Genève joue les chefs d'orchestre entre les cinq continents. Qui, à Genève ? L'approche est difficile. Mais Wack, en matière de schémas, peut s'en donner à cœur joie.

Jusqu'ici, dessin classique, on a une conception *verticale* de la criminalité. En tuyaux. Un tuyau extorsion de fonds, un tuyau escroquerie, un tuyau proxénétisme, un tuyau « stups », un tuyau braquages, etc. Avec des groupes qui fonctionnent de façon délimitée, sectorielle. Ainsi, tel gang se spécialisera dans le trafic d'héroïne, tel autre fera exclusivement des hold-up, tandis qu'un troisième gérera un réseau de prostituées. Certains groupes se diversifient et englobent deux ou trois secteurs d'activité. Mais pas plus. Or, les mafias travaillent de façon *horizontale*, allant là où il y a le maximum de profit avec le moins de risques possible. Au gré des occasions, de la conjoncture et des accommodements avec les lois, tous les domaines de l'activité criminelle sont successivement exploités.

Les lessiveuses sont le prolongement naturel de cette effervescence délictueuse horizontale. Elles ont pour objet de recycler l'argent sale quelle que soit son origine. Elles blanchissent des fonds de la corruption, du racket, du trafic de drogue, du trafic d'armes, etc. Pour rester dans les comparaisons ménagères, une lessiveuse fonctionne à la fois comme machine à brasser, machine à laver et pompe centrifugeuse. Jolie lessive !

Un détail a particulièrement vexé René Wack au cours de son enquête : il est appelé un jour au téléphone par un magistrat parisien.

– Voilà, commissaire, je viens de recevoir une lettre d'un Colombien, condamné à vingt ans de prison, qui a été arrêté ici, en France, il y a deux ans, en possession de trente kilos de cocaïne. Il affirme avoir quelque chose à dire à propos de votre bureau de change de Paris...

Wack enregistre le propos, dialogue avec le

magistrat, convient avec lui que des « types qui veulent raconter des trucs pour obtenir des réductions de peine, ça n'est pas très fiable ». Mais enfin, quand même, on va bien voir...

Le Colombien est entendu et là, volubile, le sourire rayonnant, le geste large, il s'exclame :

– Votre bureau de change, je le connais très bien ! Quand j'ai été arrêté avec mes trente kilos, un peu avant, j'avais appelé Medellín pour prendre mes instructions, savoir ce que je devais faire de l'argent qui proviendrait de la vente ; alors on m'a dicté ce que j'ai noté sur un bout de papier, le nom du bureau de change à Paris, les prénoms des gens à qui je devais donner de l'argent et le nom de code pour le transfert. Je ne vous mens pas ! Dans ma fouille, les « stups » ont saisi ce bout de papier !

L'office des « stups », à l'époque, n'avait pas poursuivi l'enquête puisqu'il n'y avait eu aucun argent blanchi, du fait de l'interpellation.

Wack, un peu estomaqué, s'aperçoit que la lessiveuse, qui fonctionne depuis des années au nez et à la barbe de la police, est connue de n'importe quel Latino gros porteur de cocaïne. Un coup de téléphone au cartel, comme ça, tranquillement, d'une chambre d'hôtel, et l'information passe. Saumâtre, non ?

Au fait, où est-il, ce bout de papier saisi au moment de l'arrestation ? On le retrouve... au greffe. Les prénoms y sont. Plus un code, du style « Corpus Christi ». Il figure également dans le carnet d'adresses du Colombien, avec un numéro de téléphone qui se révèle être celui... d'une banque suisse.

La Suisse ! Le *Guide mondial des paradis fiscaux* vous apprend qu'elle est « largement tributaire des importations, en raison d'un sol ingrat rendant impossible une production suffisante pour couvrir les besoins de sa population »... Par ailleurs, « son système bancaire a acquis depuis longtemps une réputation mondiale pour la qualité de ses services, son sérieux et sa discrétion »...

Cette réputation, le commissaire Wack l'éprouve rageusement face au banquier qui, après avoir montré des comptes globaux où aucune infraction financière ne saurait être déterminée, recel, extorsion de fonds, etc., demande d'un air détaché :

– Quels sont les autres comptes qui vous intéressent ?

– Eh bien ! tous, en remontant les filières.

– Non, monsieur le commissaire, je vous demande de nous préciser lesquels, parce que cela devient énorme.

Le commissaire Wack réclame le compte « Coquelicot », et l'obtient. Mais il est indéchiffrable. Les vrais comptes sont derrière. Il entrevoit l'argent *en liquide* filant vers l'Asie, l'Amérique, pour ressortir... Où cela ?

– Que voulez-vous *exactement*, monsieur le commissaire ?

Il n'est pas question qu'on laisse si librement le policier français suivre les circuits et boucler les boucles. Le banquier hoche la tête.

– C'est une analyse comptable titanesque. Il y en a pour des années... Précisez vos souhaits.

René Wack se trouve dans le cas d'un dormeur dont le cauchemar est d'être enfermé dans un labyrinthe avec une obsession : atteindre le bureau des renseignements. Sur son chemin, tandis que ses semelles collent au dallage, il croise un fonctionnaire gris, sans visage. Il demande :

– S'il vous plaît, pouvez-vous m'indiquer où sont les renseignements ?

Et l'autre, sans même tourner vers lui son visage vide, lui répond, glacé :

– Je ne sais pas. Demandez donc aux renseignements !

Des noms, des comptes ? Il y a bien « petite culotte » ou « chapeau melon », mais sur quelles présomptions ?

– Oui, monsieur le commissaire, je vous le demande ? Il n'est pas question que nous ayons le moindre secret sur ce qui pourrait être entaché de fraude. Or, précisément...

Le sourire du banquier s'épanouit, carnassier :

– ... Oui, précisément, êtes-vous bien sûr qu'il ne s'agit pas de fraude fiscale ? C'est une affaire qui dès lors ne pourrait entrer dans le cadre de la commission rogatoire internationale dont vous êtes porteur...

Ici se situe l'exacte limite du dialogue entre le policier et le financier. Le financier joue le jeu. Mais *son* jeu. Apparemment, les mains ouvertes. Le secret bancaire ? Il est aboli !... Puis il déplace le terrain de l'enquête de façon à retarder, sinon à suspendre, l'ouverture des dossiers. C'est la fameuse « réserve fiscale » suisse, forme perverse et enfarinée d'un secret bancaire auquel, en fait, on n'a jamais renoncé. Les autorités helvétiques ont pourtant fait un réel effort afin d'essayer de lutter contre le blanchiment : modification du Code pénal en 1990, dispositions nouvelles permettant une entraide judiciaire internationale, convention signée en 1992 par les banquiers suisses relative à leur obligation de diligence. Il n'en reste pas moins que la Suisse demeure un des plus importants greniers de l'argent sale dans le monde. Le mur d'ombre et d'argent est toujours debout.

Quelles leçons faut-il tirer de cette aventure dont le premier fumet a été reniflé à Biarritz ?

La première est le caractère international du blanchiment. Pour que la lessiveuse fonctionne sans encombre, elle doit être morcelée dans différentes régions du globe. Concentrer dans un seul pays officines et relais bancaires, c'est donner à la police locale la possibilité de remonter l'ensemble du réseau. Et puis, si avec un brin de cynisme on veut bien se mettre dans la peau d'un blanchisseur, quelle joie de voir magistrats et policiers aux prises avec l'exécution d'une commission rogatoire internationale ! En commençant par l'Espagne, par exemple : trois mois pour la mise au point, puis ils découvrent une métastase à Gibraltar... De là ils sautent aux îles Caïmans, puis en Suisse, à Malte, font un crochet par Jersey, pour atterrir au Luxembourg. L'horreur ! Il y en a pour au moins deux ans...

Deuxième leçon, prise sur le vif, de l'affaire : seize personnes inculpées. Six placées sous les verrous, qui n'ont pas parlé. La bande a été démantelée, mais impossible de remonter jusqu'aux commanditaires. C'est plus qu'une leçon. C'est une humiliation.

Chiffre global annuel présumé de la lessiveuse : un milliard et demi de francs. C'est énorme, mais demeure simple goutte d'eau au regard du « chiffre noir » du blanchiment mondial, évalué à plus de mille milliards. On appelle « chiffre noir » ce qui est pressenti et non découvert. On sait, par exemple, qu'en matière d'inceste il y a au moins 70 % de chiffre noir. C'est-à-dire que, du fait d'une violente loi du silence, 30 % seulement des cas sont mis en lumière.

Le chiffre noir du blanchiment est vertigineux parce que les recherches en ce domaine ne font que commencer. L'enquête du commissaire Wack a tourné court à cause du manque de renseignement. Le renseignement, c'est primordial ! C'est le nerf de la guerre. Si les policiers français avaient possédé des banques de données fiables, connectées à d'autres banques de données permettant d'établir les relations financières internationales, sans doute auraient-ils pu attendre plus longtemps dans l'ombre, prendre du souffle, faire ce que l'on appelle un « environnement », un « maillage » de l'information ; puis, munis de ce viatique, attaquer de façon plus ciblée les financiers suisses.

Encore une fois, ce type d'enquête ne fait que commencer. L'expérience a laissé un goût amer au commissaire divisionnaire Wack.

– On a donné le maximum, avec surveillances, filatures, écoutes, pour arriver à un résultat où demeure un point d'interrogation majeur. Cela montre la complexité et la difficulté des enquêtes financières de ce niveau.

Il s'est retrouvé, entre ses interrogatoires de suspects et ses recherches au sein de la banque de Genève, confronté aux durs à cuire qui « savaient » sans ouvrir la bouche, et aux cols blancs qui « pouvaient ignorer » sans ouvrir les dossiers. Discrétion, efficacité, sérieux.

Est-il nécessaire d'énoncer la troisième leçon, tant elle est évidente ? Il faut, *dans le cadre de la lutte contre la délinquance financière*, codifier les normes du secret bancaire et adapter les lois, les moderniser, les réajuster, face à une activité protéiforme et criminelle, sans cesse en mouvement, qui a pris de vitesse les diverses législations nationales. Un exemple concret ? À l'heure actuelle, en France, le délit de blanchiment est uniquement lié aux « stups ». Disposition on ne peut plus réductrice au regard de la situation : il y a beau temps que les lessiveuses nettoient *toutes* les ordures. Et si, précisément lors d'une information judiciaire, il n'y a pas de « stups » ? Le juriste pénaliste se gratte la tête et se dit : « On va prendre des infractions classiques, les faux et usages de faux, les manipulations de comptabilité, tout ce qui ne correspond pas à la réalité essentielle et morale du blanchiment, mais qui permettra quand même de coincer les délinquants. » Ainsi aboutit-on, au lieu d'une action ciblée, à une action périphérique. Au centre, demeure-t-il un trou ? Trop tard, le rat s'y est glissé. Il est parti !

Élargir l'infraction de blanchiment, sans doute n'est-ce pas une réclamation exorbitante. Mais le secret bancaire ? Vaste revendication qui touche aux rouages intimes des États. Comme nous allons le voir avec le triste exemple de la B.C.C.I...

II

Le mur d'ombre et d'argent

1. De Medellín à la City, l'affaire de la B.C.C.I.

Le juge d'instruction que je suis a d'excellentes raisons de s'intéresser à la B.C.C.I., la *Bank of Commerce and Credit International*. C'est une machine infernale qui a explosé en 1991. Mais, du fait de son caractère international, demeurent dans certains pays, et particulièrement en France, quelques mines enfouies sous les sables qui peuvent à tout moment être activées.

L'histoire du scandale commence au cours des années 80, de manière assez cocasse. La scène se passe dans la Cordillère centrale, en Colombie. Pablo Escobar, alias « don Pablo », alias « el Doctor », alias « el Padrino », promène un regard lourd sur le spectacle qu'il présente à ses interlocuteurs financiers. Don Pablo a de gros soucis. Il emmène ses visiteurs dans un hangar, et là, chacun peut mesurer le problème du chef du cartel de Medellín : des millions de dollars entassés sur des palettes comme de vulgaires prospectus chez un imprimeur. Tous portent la marque du mal qui ronge ce trésor : les rats !

Les narcodollars n'ont aucun effet stupéfiant sur la gent trotte-menu et ces *hijos de puta*, ces « fils de pute » d'animaux, s'en donnent à cœur joie. Ils grouillent partout, se gobergent. Si on met les chats là-dedans, ça sera encore pire.

Les financiers de haut vol hochent la tête. De retour sur la terrasse de sa maison coloniale, sur les hauteurs de Medellín, à l'heure du café suave et du whisky réunis, Escobar les met au défi :

– Apportez-moi des solutions discrètes et efficaces.

L'anecdote illustre l'urgence très concrète à laquelle sont confrontés les trafiquants : recycler les billets avant qu'ils ne soient grignotés par les rongeurs... ou par l'inflation. Le chiffre d'affaires annuel du cartel est de quatre milliards de dollars. Ainsi commence, avec une histoire de rats, ce qui deviendra le plus faramineux scandale bancaire de cette fin de siècle.

Un plan de blanchiment est échafaudé, puis soumis à l'aval de Pablo Escobar. La B.C.C.I., dont le « noyau » économique est à Londres, en sera l'un des instruments.

Créée en 1972 par un financier pakistanais, Agha Hasan Abedi, à la philosophie tiers-mondiste, la Bank of Commerce and Credit (le I d'International ne viendra que plus tard) reçoit dès les premières heures la bénédiction d'un ami de toujours, cheikh Zayed, émir d'Abou Dhabi. Ce fut très vite une réussite. Les capitaux ont afflué dès sa naissance. En 1982, elle se situait au quarante-neuvième rang des banques de dépôt du monde. Une belle position, propre à conférer une image de respectabilité. Mais derrière la façade, un flou pour le moins artistique était entretenu sur l'actionnariat et la structure du groupe. Bien que les bureaux de la direction soient situés à Londres, le cœur de la B.C.C.I. bat à Luxembourg où se trouve un holding qui contrôle deux sociétés, l'une au Luxembourg, B.C.C.I. S.A., et l'autre dans les Caraïbes, dans l'île Grand-Caïman, B.C.C.I. Overseas Ltd. Les 73 établissements et 400 agences répartis dans le monde dépendent soit de l'une soit de l'autre entité. L'établissement français du 125, avenue des Champs-Élysées, dépend, lui, de la branche des Caraïbes. De quoi égarer le plus patient des enquêteurs. Lorsque la B.C.C.I. voulut obtenir le statut de banque à part entière, les autorités anglaises ont dit : *No*, n'y voyant goutte dans ce groupe sans base vraiment nationale!

C'était en 1979. Pour bloquer l'expansion du réseau des succursales de la B.C.C.I. en Grande-Bretagne, la Bank of England l'a confinée dans son statut de banque de second ordre. Ce qui n'a pas empêché les affaires de prospérer. En 1987, la B.C.C.I. dégage plus d'un milliard de bénéfices pour cent trente milliards de francs de chiffre d'affaires. Cette même année, elle obtient enfin le statut de banque à part entière. Et pourtant, certains milieux extrêmement réservés, que la Bank of England ne peut méconnaître, ont affublé la B.C.C.I. d'un surnom significatif : « Bank of the Columbian Cocaine Industry » (banque de l'industrie colombienne de cocaïne)...

Il faudra attendre le 9 février 1988 pour que l'édifice commence à se fissurer. Ce jour là, Agha Hasan Abedi, épuisé, s'effondre, victime d'un grave malaise cardiaque. Opéré le 9 mars, il reste aphasique et totalement hors d'état de diriger la banque. Sept mois plus tard, le 9 octobre 1988, le premier coup de semonce éclate, non pas en Grande-Bretagne, mais dans le ciel bleu de Floride.

Ce jour-là, deux inspecteurs des douanes américaines infiltrés depuis deux ans dans le cartel de Medellín jouent aux jeunes mariés. Pardon du jeu de mots : il s'agit d'une « opération sous couverture ». Un certain nombre de truands en col blanc ont reçu un bristol doré sur tranche :

« En présence de nos parents, M. et Mme Samuel Edward Erickson et M. et Mme Joseph Edward Musella, vous êtes invités à être des nôtres le dimanche 9 octobre 1988 sur la pelouse du Golf Club de Tarpon Springs, Floride, pour célébrer le début de notre nouvelle vie. » *Signé :* Katheleen C. Erickson et Robert L. Musella.

Munis du précieux carton, les nombreux invités du jeune couple prennent place à bord des limousines qui les attendent à l'aéroport de Tampa. Pendant le trajet, les voitures changent discrètement de direction et finissent par emprunter les rampes d'accès d'un parking souterrain, celui du palais de justice. Au sortir des véhicules, ce sont les bracelets d'acier des agents de la D.E.A. qui s'abattent sur les poignets de quatre-vingt-cinq « invités ». Parmi eux, des passeurs, des petits bonnets de la drogue, ainsi que plusieurs dirigeants de la B.C.C.I. installés aux États-Unis, à Panamá – où était initialement lavé l'argent sale avant d'être transféré à Miami – et en France. Ian Howard, le directeur de la succursale parisienne, fait partie du lot. Une belle fête! Et dont on se souviendra longtemps... Neuf personnes seront gardées pour interrogatoire soutenu.

L'action se développe alors en Grande-Bretagne et en France. Une quarantaine d'interpellations.

Le premier repaire, à Tampa, en Floride, permet d'établir le blanchiment de trente-deux millions de narcodollars appartenant au dictateur panaméen Noriega, « Tête d'ananas »,... titulaire de neuf comptes particuliers au siège londonien de la B.C.C.I. La banque a mis au service du cartel de Medellín toute la palette de ses services dans les paradis fiscaux et la qualité de son « ingénierie financière ».

Parmi les techniques mises en œuvre, deux valent la peine d'être décrites sur le vif. La première, assez simple, ne garantit pas un recyclage parfait, mais donne une apparence d'honorabilité. Vous ouvrez deux comptes, l'un aux États-Unis, à Tampa, en Floride, par exemple, l'autre à Paris. Vous effectuez un dépôt en liquide auprès de l'agence américaine, puis un virement sur l'agence française.

Si vous êtes non-résident en France, la déclaration du montant viré sur votre compte n'est pas obligatoire, alors qu'elle est nécessaire en Grande-Bretagne ou aux États-Unis. L'argent peut alors repartir en toute impunité vers votre banque en Floride, ou mieux, vers une autre agence dans un autre pays, sans que le fisc ou les douanes trouvent à y redire.

Autre technique, mais beaucoup plus raffinée : les marchés d'options sur les taux de change. Les opérations de change ne sont généralement pas soumises à une réglementation très stricte et il n'est pas nécessaire, dans de nombreux cas, de conserver le détail des transactions, dont le volume est par ailleurs très important. Il faut, pour bien utiliser cette technique, des options à très courte durée. Vous prenez des sommes équivalentes pour jouer tant à la hausse qu'à la baisse. Au bout du compte, vous enregistrez à la fois un gain et une perte, puisque vous avez joué dans les deux sens. Il suffit de ne faire apparaître que la transaction gagnante alors que la somme des transactions est nulle. Quand on a accès à l'ensemble des marchés financiers, il est relativement aisé de se fondre dans la masse des capitaux en circulation. En l'occurrence, la seule difficulté est de bien camoufler la partie perdante de l'opération, ce qui, avec la complicité d'une grande banque, ne pose pas de réel problème.

Mais revenons à l'« affaire » en elle-même. En

janvier 1990, à l'issue d'une audience où la B.C.C.I. a plaidé coupable, une transaction est conclue avec les autorités judiciaires américaines. La B.C.C.I. est condamnée à quinze millions de dollars d'amende, et six de ses dirigeants se voient condamnés à des peines de prison avec sursis. Pourtant la banque demeure vivante et active avec la même opacité de structure : noyau juridique au Luxembourg, noyau économique à Londres et contrôle de l'ensemble à Abou Dhabi, dont l'émir, cheikh Zayed, vient de prendre 77,4 % du capital.

Il faudra attendre jusqu'en juillet 1991, soit plus d'une année et demie, pour que tombe enfin la sanction internationale. Le 5 juillet, sous la houlette de la Banque d'Angleterre, les autorités monétaires des pays industrialisés décident de geler les avoirs de la B.C.C.I. et de suspendre ses activités.

Les « liaisons dangereuses » de cette banque expliquent-elles le temps mis par le « G.7 bancaire » pour prendre sa décision ? La Banque d'Angleterre a beau jeu de répondre que, tant que l'enquête commandée au cabinet comptable Price Waterhouse était en cours, elle ne pouvait rien faire.

Le secrétaire d'État au Trésor britannique, John Mayles, confirmera lui-même cette version devant la Chambre des communes. Le rapport Price Waterhouse n'étant parvenu que le 24 juin, force est de constater, avec une belle fraîcheur d'âme, qu'« en l'absence de preuve de fraude majeure » on ne pouvait pas agir...

« Navrés. Nous sommes temporairement fermés. » *Sorry, we are...* Cet avis écrit au feutre sur un carton blanc apposé à l'entrée du siège de verre et d'acier de la B.C.C.I. de Londres n'a d'outrecuidant que le « temporairement ».

Mi-juillet, le malaise s'accroît à propos de la lenteur d'intervention de la Banque d'Angleterre. Le *Financial Times* révèle qu'elle connaissait parfaitement la situation de la B.C.C.I. et qu'elle détenait même depuis neuf mois un rapport confidentiel faisant état de prêts accordés sans autorisation du conseil de direction. Et c'est ici qu'interviennent des considérations de politique internationale : depuis l'indépendance des Émirats arabes unis, en 1971, la banque centrale britannique a tissé des liens privilégiés avec les émirs de la région. La B.C.C.I. appartient à la famille de l'émir Zayed.

« Les responsables d'Abou Dhabi doivent être pris de panique. Le scandale risque d'ébranler la fédération des Émirats, de ranimer l'animosité latente entre Abou Dhabi et Dubaï. Enfin, l'image déjà peu reluisante des pétromonarchies du Golfe risque d'en prendre un coup ! » explique Mme Pamela Ann Smith [1], expert financier auprès du *Middle East Economic Digest*, hebdomadaire spécialisé dans les affaires du Proche-Orient.

Les analystes londoniens fournissent plusieurs explications à la lenteur de l'intervention de la Banque d'Angleterre. Comme le révèle le rapport

1. Citée par *Le Monde*, 18 juillet 1991.

Price Waterhouse, les bénéficiaires des générosités de la B.C.C.I. constituaient la fine fleur de l'*establishment* politique et financier du Golfe. Parmi la brochette des princes et des milliardaires choyés par la banque figurent les frères Maktoum, cheikh Mohamed, ministre de la Défense des Émirats arabes unis, et son frère, cheikh Hamdam, ministre des Finances, qui dispose d'importants intérêts en Grande-Bretagne. D'autres avancent des considérations plus politiques. *La Banque d'Angleterre a en effet attendu la fin des hostilités avec l'Irak pour commander un rapport officiel à Price Waterhouse.* Les Émirats arabes unis, qui avaient soutenu financièrement et militairement la coalition anti-Saddam Hussein, devaient être ménagés. Enfin, la B.C.C.I. entretenait également des liens avec des personnalités britanniques influentes comme lord Griffiths, conseiller économique de Margaret Thatcher de 1985 à 1990 (et qui fut également directeur de la Banque d'Angleterre), et avait sponsorisé le Centre universitaire d'études économiques.

Du côté américain, de puissantes zones d'ombre se révèlent : le *Financial Times*, encore lui, affirme que la Central Intelligence Agency (C.I.A.) ainsi que d'autres centres de décision du gouvernement U.S., le ministère de la Justice, la Réserve fédérale, ont tardé à répondre aux demandes d'aide formulées par les services qui enquêtaient sur la B.C.C.I. en 1988.

Le ministère de la Justice a répondu que le maintien des activités de la B.C.C.I., en tout état de cause, permettait de poursuivre les investigations sur les comptes. La Réserve fédérale, qui coiffe les quelque quatorze mille trois cents banques commerciales opérant aux États-Unis, a estimé manquer de « détails » sur l'identité exacte des actionnaires de la B.C.C.I. Après la « Tampa-party », elle n'a pas manqué de recommander la rupture entre la B.C.C.I. et certains établissements comme la First American Bankshares et l'Independance Bank d'Encino (en Californie), mais, pour le reste, « seule la Banque d'Angleterre peut savoir, et encore... »

En première ligne de résistance, donc, la C.I.A. : l'agence utilisait la B.C.C.I. pour verser de l'argent à certaines personnes engagées dans des opérations clandestines à l'étranger. A-t-elle servi de façon routinière, comme de nombreuses autres banques, ou de façon extensive, notamment pour le financement des rebelles afghans et des versements d'argent liés au scandale de l'aide aux contras nicaraguayens ? Deux des financiers liés à l'affaire des contras, le Saoudien Adnan Khashoggi et l'Iranien Manucher Ghorbanifar, ont en effet effectué des transferts de plusieurs millions de dollars sur un compte de la B.C.C.I. à Monte-Carlo. La C.I.A., bien évidemment, a déclaré « sans fondement » toutes les accusations prononcées contre elle...

L'écheveau américain se complique lorsque l'enquête s'intéresse aux liens noués entre la B.C.C.I. et la Centrust Savings and Loans, une caisse d'épargne régionale dont l'ex-propriétaire, David Paul, a accordé de nombreux prêts à des personnalités en vue du parti démocrate. À Atlanta, en Géorgie, la B.C.C.I. a discrètement aidé à bâtir le centre Carter, la bibliothèque historique de l'ancien président, et donné quelque huit millions de dollars à des organisations charitables liées à l'action de Jimmy Carter en faveur des pays en voie de développement. Plus grave, son ancien ambassadeur aux Nations unies, Andrew Young, a bénéficié des services et d'une ligne de crédit de la banque lorsqu'il était maire d'Atlanta. Les démocrates sont donc dans le collimateur. Mais les républicains se tiennent cois, compte tenu des accusations qui pèsent sur la C.I.A. Ainsi se boucle la spirale.

On le voit, les affres du commissaire divisionnaire Wack face au secret des banquiers suisses prennent une dimension toute relative, presque négligeable. Et pourtant il ne faut pas s'y tromper. Il s'agit du même problème : ici, le secret, la loi du silence, l'*omerta,* corrompt jusqu'aux rouages des États, les laisse paralysés, inertes, dans une pénible odeur de scandale.

Pendant ce temps, à Londres, une nouvelle plaie se débride. On apprend que la B.C.C.I., propriété de l'émirat d'Abou Dhabi, servait de banque privée au terrorisme palestinien. Le *deal* est simple entre les émirats et les terroristes : « Nous avons de l'argent et vous avez des bombes, on vous finance et vous, vous nous laissez tranquilles. » C'est le principe de la « sanctuarisation ». Le leader palestinien dissident de l'O.L.P. Abou Nidal disposait ainsi de plusieurs comptes alimentés par les émirats, au vu et au su des services secrets britanniques.

Un ancien directeur de la filiale de Hyde Park de la B.C.C.I. raconte comment le terroriste palestinien s'est rendu en personne et à plusieurs reprises dans son établissement ainsi qu'à l'agence très chic de Sloane Street, en plein Chelsea, au milieu des boutiques des grands couturiers. Le banquier qui fait ces révélations, citoyen jordanien, avait reçu l'ordre des autorités de son pays de collaborer avec les services secrets britanniques qui tenaient à l'œil Abou Nidal lors de ses séjours londoniens. Il reste à expliquer pourquoi ils n'arrêtent pas ce dernier alors que Scotland Yard le tient pour responsable, entre autres, de la mort en plein ciel, le 21 décembre 1988, des 259 passagers du Boeing 747 de la Pan Am qui s'est écrasé sur la petite ville écossaise de Lockerbie. Le comble a été atteint lorsque l'on a appris que les agents du M.I. 6 (l'équivalent britannique de la D.G.S.E.) avaient obligeamment raccompagné à l'aéroport d'Heathrow, et dans leur propre véhicule, Abou Nidal, dont la voiture était tombée en panne...

À ces informations pour le moins dévastatrices, il faut ajouter quelques précisions demeurées dans les tiroirs des services spéciaux occidentaux. Les fonds qui ont transité par la B.C.C.I. ont profité non seulement à Abou Nidal, mais aussi à Abou Abbas (Front de libération de la Palestine), responsable en 1985 du détournement de l'*Achille Lauro* et pro... irakien! Toute la trésorerie d'Abou Abbas était dans les établissements de la B.C.C.I. ainsi que dans ceux de l'Arab Bank. Plus de trente-cinq millions de dollars y ont été déposés après la prise de participation majoritaire de l'émir Zayed dans la B.C.C.I. Les groupes palestiniens extrémistes ont menacé avant la guerre du Golfe de s'en prendre aux pétromonarchies. Outre l'Arabie Saoudite, qui alimentait régulièrement les caisses de l'O.L.P. mais aussi celles de tous les groupes périphériques, le Koweït et les Émirats arabes unis se sont pliés au chantage des groupes palestiniens. Régulièrement, Abou Abbas et Abou Nidal ainsi que le groupe de Samir Ghosh, proche des Irakiens, ont reçu des subsides mensuels pour sauvegarder le « sanctuaire », et les fonds transitaient par la B.C.C.I. à Luxembourg et à Londres.

Entre ce qui éclate au grand jour et ce qui demeure dans l'ombre, on appréhende la gêne du Premier ministre britannique John Major, en poste depuis seulement neuf mois, lorsqu'il doit s'exprimer devant la Chambre des communes. Le 22 juillet 1991, face à un auditoire houleux, il affirme n'avoir pris connaissance de l' « ampleur » de l'affaire (notamment la drogue et le terrorisme) qu'à partir du 28 juin. L'ennui est que le gouverneur de la Banque d'Angleterre dit exactement le contraire. Sir Robin Leigh-Pemberton a déclaré avoir parlé de ce dossier avec M. Major lorsque celui-ci était chancelier de l'Échiquier. Sir Robin a ensuite adouci son propos, après un coup de téléphone comminatoire de Downing Street, en indiquant qu'il n'en avait discuté qu'en termes « généraux » avec le chancelier de l'époque...

Un détail supplémentaire vient gâcher l'ambiance à la Chambre des communes. Au mois de juin de l'année précédente, un responsable de la B.C.C.I. avait écrit au travailliste Tonny Benn pour lui révéler les turpitudes de sa banque. Benn a transmis cette lettre aux services du chancelier de l'Échiquier. Dans ce document, tout est dit de la corruption des dirigeants britanniques de la B.C.C.I., qui percevaient 2 % sur les opérations de blanchiment.

John Major assure n'avoir jamais eu connaissance de cette lettre. Il certifie n'avoir pas été mis au courant par le M.I. 6 du rôle de la B.C.C.I. dans le financement du terrorisme. Ce qui est, au sens premier du terme, incroyable : la note de synthèse des services spéciaux fait partie des lectures obligées du week-end pour le Premier ministre... et Margaret Thatcher en raffolait !

Le leader travailliste Neil Kinnock interpelle donc John Major, le sommant de rassembler ses souvenirs de façon plus précise. À la stupéfaction générale, le Premier ministre, excédé, rétorque :

– L'honorable gentleman est un fouille-merde, et il le sait !

Du tac au tac, pointant un index accusateur sur les rangs conservateurs, l'honorable gentleman de l'opposition conclut :

– Il y a certainement plein de merde dans cette affaire...

De Pablo Escobar, « el Padrino », au dictateur Noriega, « Tête d'ananas », le lien était naturel, consubstantiel même, cristallisé sur le compte bancaire « Zorro » de blanchiment. Mais d'Escobar à la très respectable personne du Premier ministre britannique... un lien par ricochet, certes, fortuit pour ce qui concerne les hommes, mais qui n'est pas, sur le billard à multiples bandes de la politique et de l'argent, le fruit du hasard !

Le gel de la B.C.C.I. puis sa mort programmée auraient constitué une victoire politique et morale s'il n'y avait eu le dérapage du temps, le recul des États, leur compromission. « Bancairement », pourrait-on dire, l'abcès est vidé. Demeure l'exemple, international, planétaire...

La B.C.C.I. était active en France. Elle a été – qui le lui reprochera ? – le promoteur de constructions islamiques. Mais son représentant à Paris sablait le champagne à la « Tampa-party ». Elle a recyclé sur notre sol une partie de la fortune de l'ex-dictateur Noriega en faisant transiter les fonds par ses agences de Miami, Londres et Paris. Elle a aussi généreusement accueilli dans son agence de Cannes une partie des biens du tyran déchu d'Haïti, Bébé Doc. Avec ce paradoxe que, compte tenu de notre législation inadaptée, il est impossible à la justice française de confisquer ces biens dont l'origine douteuse est connue de tous. Pour être morte, la B.C.C.I. laisse encore quelques cadavres à autopsier.

2. L'économie criminelle : Blanche-Neige, les Schtroumpfs, les fantômes et le paradis

Ne dirait-on pas la bande-annonce d'un dessin animé ? La neige, en argot, c'est la drogue, particulièrement l'héroïne. Mais les Schtroumpfs, les fantômes et le paradis ? Il suffit de suivre le film...

Le G.A.F.I. (Groupe d'action financière internationale) [1] évalue le chiffre d'affaires mondial de l'argent de la drogue à environ trois cents milliards de dollars (plus que tout l'argent du pétrole). Il faut retrancher de cette masse d'argent les saisies pratiquées par les policiers, les frais engendrés par le trafic (transport, surveillance, autres frais de logistique) et le coût du blanchiment (le paiement de tous les intermédiaires). Le bénéfice finalement dégagé par les trafiquants, et donc recyclé dans les circuits économiques légaux, est, toujours selon le G.A.F.I., d'un peu plus de quatre-vingts milliards de dollars (plus de quatre cents milliards de francs). À titre de comparaison, le budget de la justice française est de dix-neuf milliards de francs.

Les circuits financiers du crime, par essence

1. Le G.A.F.I., mis en place par les sept pays les plus industrialisés lors du sommet de l'Arche, en 1989, se limite à l'étude, à l'information et aux « recommandations ».

occultes, ne font que des heureux : les criminels, les intermédiaires et les banquiers. Aucun préjudice apparent, aucune victime, aussi est-il difficile de procéder autrement que par estimation. Pour l'anecdote, mais sans apporter de chiffres, il semble que la drogue, qui permet de réaliser des bénéfices colossaux, ne soit que la deuxième source d'argent noir qui circule dans le monde. La première est représentée par le trafic d'armes et la troisième par le trafic d'espèces animales menacées, abattues pour leur ivoire, leurs cornes ou leur fourrure. Ensuite seulement viennent les bénéfices du banditisme classique comme le vol, le racket, la prostitution et les jeux clandestins.

Une question se pose : comment ferais-je, moi, citoyen lambda, pour blanchir un argent illicite qui serait tombé par hasard dans mon escarcelle ? Car si j'écarte les explications éculées telles qu'un gain à la loterie ou l'héritage d'un oncle d'Amérique perdu de vue, il me sera difficile, en cas de contrôle fiscal, de justifier de l'origine de ce revenu. De l'artisanat à la haute finance, les solutions sont multiples...

« Toutes les méthodes de blanchiment ont pour caractéristique commune de procéder à une ou plusieurs opérations typiques comme le *placement*, l'*empilage* et l'*intégration* », explique le G.A.F.I.

Le placement consiste à se débarrasser matériellement d'importantes sommes en numéraire soit auprès d'établissements financiers, soit dans l'économie de détail, soit par transfert de devises à l'étranger. Les nombreux billets de banque doivent à tout prix trouver un abri, même provisoire. Et rien de tel que les guichets de dépôt des banques et les guichets de change automatiques à condition de multiplier, bien sûr, les opérations à des adresses concurrentes.

Et c'est ici qu'interviennent les Schtroumpfs. Le surnom a surgi au cours d'une enquête en Floride. Imaginez que vous soyez un petit personnage anonyme à l'honnêteté relative, et peu curieux des commissions qu'on vous propose de faire. Un réseau de malfaiteurs vous engage. Et vous vous retrouvez avec, sous votre gros nez bleu et dans vos mains tout aussi bleues, de l'argent noir... direction la banque. Avec une somme inférieure à dix mille dollars, vous effectuez un dépôt, ou bien vous achetez des chèques de caisse, des traites bancaires, mandats et autres effets négociables, de façon que l'établissement financier concerné n'ait pas à établir de déclaration de transfert de fonds – déclaration obligatoire au service du Trésor américain pour toute transaction supérieure à dix mille dollars. Si vous êtes un Schtroumpf malin et hardi, sur vos petites jambes, vous « faites » plusieurs banques dans la journée avec des sommes inférieures à trois mille dollars, ce qui vous permet d'échapper à la paperasserie bancaire, laquelle doit être conservée durant cinq ans dès lors que les sacro-saints trois mille dollars sont dépassés. Quoi de plus encourageant que ces petits papiers pelure jetés au bout de quelques semaines ? Tel est le « schtroumpfage », il y faut de la petitesse et beaucoup de jarret [1].

Après ce premier stade, l'argent peut être reconverti, de préférence à l'étranger, en chèques de voyage qui seront de nouveau encaissés dans un autre pays pour acheter des biens de valeur sous un faible encombrement (bijoux, pierres précieuses)...

D'autres techniques sont plus sophistiquées : par exemple être propriétaire, directement ou par l'intermédiaire de prête-noms ou de sociétés écrans, d'une affaire parfaitement légale (boutique, restaurant) et déposer l'argent illicite avec l'argent licite. Le grand art consiste à liquider l'affaire et à plier bagage à destination d'un pays plus « sûr » avant que le fisc n'y regarde de trop près...

C'est là un scénario souriant : le blanchiment en rose... Pourtant il faut bien aussi conter les mésaventures. Le transport *matériel* des fonds pour l'étranger est souvent la première étape du « placement ». L'idée est simple : une valise bourrée de billets, dissimulée dans du fret ou envoyée par messagerie internationale vers des pays sans contrôle des changes, avec, de préférence, une sournoise législation sur le secret bancaire. Même contrainte à la douane que dans les banques : quiconque transporte plus de dix mille dollars doit le déclarer.

1. Cela posé, il faut préciser que nombre de produits du crime organisé (notamment ceux qui sont liés à la grande délinquance économique et financière) ne sont pas obtenus sous forme de liquidités et sont directement blanchis dans le circuit économique sans devoir passer par l'étape du placement (par exemple, les subventions de la Communauté européenne détournées à grande échelle par les organisations mafieuses sont directement versées par chèque ou virement bancaire à des sociétés écrans).

Sinon, il encourt des sanctions civiles et pénales. Et c'est ainsi que des millions de dollars ont été saisis aux États-Unis.

Voyons la scène. Vous êtes en zone internationale de l'aéroport John F. Kennedy. Parmi les bagages en instance d'embarquement, votre valise attire l'attention d'un gabelou.

– C'est à vous ? demande-t-il.

Catastrophe ! Dedans, il y a un million cash. Que répondez-vous ? Oui ? Vous pouvez compter le nombre d'années de prison à venir. Vous répondez :

– Non...

Ce sont les risques du métier. Une variante consiste à voyager avec deux valises identiques. L'une remplie d'espèces et l'autre d'effets personnels. Lors du contrôle douanier, le passeur manifestera le plus grand étonnement face au contenu de « sa » valise et prétendra qu'il a confondu les valises car elles sont identiques.

En novembre 1991, les agents spéciaux des douanes américaines ont arrêté une Ghanéenne résidant aux États-Unis, qui tentait d'exporter illicitement environ cinquante-trois mille dollars en devises américaines, dont six mille dollars contenus dans douze ballonnets qu'elle avait avalés.

Les inspecteurs des douanes de l'aéroport J.F.K. ont interpellé la passagère au moment où elle allait prendre un vol K.L.M. à destination du Ghana. Quand ils lui ont demandé combien d'argent elle emportait, elle a répondu qu'elle avait neuf mille dollars. Mais une fouille du sac qu'elle tenait à la main a révélé la présence de vingt-quatre mille dollars dissimulés dans des paquets de draps : en poursuivant la fouille, on a découvert deux bouteilles de shampooing contenant quarante-cinq ballonnets, remplis chacun de billets de cent dollars, représentant un total de vingt-deux mille quatre cents dollars. L'intéressée a alors avoué qu'elle avait avalé un certain nombre de ballonnets remplis de billets. Un examen aux rayons X a confirmé l'aveu. Elle avait également des ballonnets dans le vagin.

Au regard des valises à un ou deux millions de dollars, la prise est évidemment faible. Mais ici, c'est la méthode « in corpore », fréquente pour la drogue, qui a frappé les douaniers.

Après le placement vient le point numéro deux du blanchiment : l'empilage. Cela consiste à multiplier les opérations financières pour les rendre complexes, donc *opaques*, et dissimuler les traces de l'origine des fonds. À partir d'un certain nombre de transactions, l'observateur perd de vue le point de départ du circuit financier...

Reprenons le scénario souriant du blanchiment en rose. Un Schtroumpf, une fourmi, un prête-nom à l'identité plus ou moins avérée, dépose donc une somme inférieure au seuil de déclaration obligatoire.

Un cas de fractionnement d'argent au moment des transferts est resté célèbre : vingt-neuf millions de dollars dirigés sur l'Équateur. Chaque transfert s'élevait en moyenne à six cents dollars, ce qui représentait plus de quarante-huit mille opérations. À ce compte-là, les protagonistes ont presque mérité leur magot !

Quoi qu'il en soit, voilà l'argent à l'abri. Il doit maintenant trouver un emploi et un rapport. Les sociétés fantômes de certains micro-États européens et certaines places *off shore* – en pleine mer – des Caraïbes sont une aubaine.

Pourquoi ne pas faire acheter un immeuble de rapport, une affaire qui tourne ou encore des actions par une société écran, une société fantôme, voire une banque (obtenir une licence bancaire est aisé dans certains pays du tiers-monde) qui vire rubis sur l'ongle les sommes demandées dans le pays de transaction ? Ensuite revendre, acheter ailleurs, de nouveau revendre. Une armada de spécialistes et d'avocats d'affaires, conscients ou non de la source de ces sommes, est là pour vous rendre ce type de service...

Voyons cela plus en détail, et donnons d'abord une définition exacte de « paradis fiscal » : on désigne ainsi certains pays qui présentent plusieurs caractéristiques, la principale étant l'absence ou la faiblesse de l'imposition sur la plupart ou l'ensemble des revenus. Quelle qu'en soit la provenance. Les autres caractéristiques importantes sont :

1. le secret bancaire ou commercial ;
2. l'absence de contrôle des changes ;
3. des facilités pour acquérir ou créer des sociétés, des banques ou des compagnies d'assurances.

(Des annonces sont régulièrement publiées dans l'*International Herald Tribune* ou d'autres journaux, où des sociétés de ce type sont proposées à des prix très intéressants.)

Parmi les autres éléments qui jouent un rôle important dans le choix d'un « paradis », on peut citer :

1. la stabilité politique et monétaire ;
2. l'existence de moyens de communication modernes ;
3. la facilité d'accès ;
4. la situation géographique par rapport aux grands mouvements d'affaires.

La plupart des activités dans les paradis fiscaux sont licites, et ces pays sont utilisés depuis longtemps par un grand nombre de sociétés honorablement connues. Cependant, ils réunissent les conditions idéales pour le blanchiment des fonds.

Passons maintenant aux diverses « sociétés ».

En général, une fois que les fonds se trouvent dans un paradis fiscal, ils sont déposés sur un compte au nom d'une société écran ou d'une société fantôme, les termes sont utilisés indifféremment. Cependant, une société fantôme n'a pas d'autre fonction que d'absorber les fonds et d'en dissimuler la véritable provenance ou nature. Elle peut être achetée clefs en main, et son existence se résume à l'établissement de statuts et bien souvent à la désignation d'une personnalité locale, en général un avoué, qui fait office de fondé de pouvoir ou de directeur.

Une société écran, bâtie sur le même principe,

est plus active, elle peut se livrer à des activités licites afin de maquiller les activités illicites. Dans la plupart des paradis fiscaux, la participation d'un ressortissant du pays est nécessaire. Les sociétés écrans ou fantômes se matérialisent parfois sous forme de banques ou de compagnies d'assurances. Les blanchisseurs possèdent souvent plusieurs sociétés de ce type. Ils font passer les fonds d'une société à l'autre afin de brouiller les pistes. Un exemple ? Dans une affaire, en Espagne, une organisation criminelle avait bâti un petit empire regroupant environ cinq cents sociétés dont le seul but était de multiplier les écritures administratives et ainsi de justifier d'une activité commerciale. L'une de ces sociétés, une entreprise de transport, indiquait dans sa comptabilité avoir effectué plus de dix mille livraisons dans l'année sur la demande d'autres sociétés du groupe. Les livraisons, fictives, ont seulement servi à blanchir l'argent encaissé.

Dans la plupart des cas, celui qui se livre au blanchiment ne tient pas à laisser son argent en permanence dans un paradis fiscal. La méthode normalement employée consiste à le renvoyer par voie télégraphique : c'est rapide, sûr et difficile à déceler par les enquêteurs. De faux documents sont fabriqués pour en maquiller l'origine.

On peut également prétendre que l'argent correspond aux bénéfices des sociétés ou à la plus-value réalisée sur une transaction immobilière, ou encore affirmer qu'il s'agit d'un règlement de sinistre effectué par une compagnie d'assurances. La société écran peut enfin acheter des biens pour le compte du véritable propriétaire des fonds. En fonction des méthodes utilisées, il arrive que l'on soit obligé de payer un impôt sur les bénéfices réalisés... Mais ceux qui pratiquent le blanchiment sont bien souvent tout à fait disposés à payer des impôts sur de l'argent « propre »...

À ce stade, et de façon tout à fait naturelle, on passe à la phase trois du blanchiment : l'intégration, qui permet de conférer une apparence de légalité à une richesse d'origine criminelle. Les plans d'intégration replacent les produits blanchis dans l'économie de telle façon qu'ils réintègrent le système bancaire en apparaissant alors comme les profits normaux d'une affaire commerciale. À moins d'avoir pu établir de façon formelle la trace des profits illicites au cours des deux premières étapes du blanchiment, il devient alors extrêmement difficile de distinguer les richesses d'origine illégale.

En résumé, les trois étapes fondamentales de l'économie criminelle que sont le *placement* (conversion des espèces), l'*empilage* (dissimulation des sources) et l'*intégration* (absorption dans les circuits légaux) peuvent se dérouler séparément ou quasi simultanément. Le plus souvent, elles se chevauchent...

3. Un banquier se met à table

Ce banquier-là, j'ai fait sa connaissance à la table du stage de l'École de la magistrature. C'est une expérience toujours curieuse que ces stages organisés deux fois par an, obligatoires en début de carrière, lorsqu'on n'est encore – référence à la robe – qu'un « petit noir ». Quand on grandit, une certaine indolence peut saisir les magistrats, et les stages deviennent facultatifs. Mais j'avoue y avoir pris goût. Ils sont des plus divers : soit à l'école même, quai aux Fleurs, face à l'île de la Cité, à Paris ; soit à l'extérieur, à l'Assemblée nationale, dans un grand média, à l'Opéra ou... à l'école de ski de Chamonix !

Mais j'en reviens à mon banquier. Il parle net et franc à la table de conférence, celui-là. Rien à voir avec la langue de bois bancaire. Pas de références gélifiées aux « institutions », à la « démocratie qui se nourrit du respect des autres » (sous-entendu : du secret bancaire). Non, rien de tout cela.

Mais quelques phrases nerveuses telles que :

– La corruption ? Ça devrait être l'affaire de tous !

Jean Malevich est chargé de mission à la Direction des fraudes au Crédit Lyonnais. Gare à l'énoncé ! Précisons bien « au » Crédit Lyonnais. Car Direction des fraudes « du » Crédit Lyonnais pourrait prêter, sinon à confusion, du moins à sourire...

Un mètre quatre-vingts, habillement discret, de belle coupe, en harmonie avec la haute banque, Jean Malevich est correspondant de T.R.A.C.F.I.N. (Traitement du Renseignement et Action contre les Circuits Financiers Clandestins), qui dépend du ministère de l'Économie et des Finances. En bref, il traque les aigrefins et les resquilleurs, les escamoteurs et les escrocs, les écumeurs et les canailles.

Même principe que pour le commissaire divisionnaire Wack. Après avoir appris de Jean Malevich la typologie du blanchiment, celle-là même que je viens de vous décrire, je souhaite en savoir plus. Nous prenons rendez-vous...

Au siège central du Crédit Lyonnais, boulevard des Italiens à Paris, aucune surprise : immense hall à colonnes, chemins de ronde des moquettes, chuintement des semelles sur le parquet ciré et le marbre, quelques éclats de laiton – en discret rappel doré – portes capitonnées, hautes fenêtres pour la direction, confort gourmé de la finance. Dans son bureau, le chargé de mission reçoit des banquiers inquiets, ou mal à l'aise. Ils ont des dossiers qu'ils ne « sentent » pas, alors ils viennent pour examen. Il arrive aussi parfois que, parfaitement détendus sur une affaire, ils en découvrent les aspects cachés...

Jean Malevich s'assied, se penche un peu vers nous, croise les mains. Disponible, ouvert, modeste sans humilité, mais avec une sorte de parti pris.

– Je vais, explique-t-il, évoquer devant vous une affaire très intéressante...

Elle commence en 1992, se poursuit en 1993 et montre, depuis le scandale de la B.C.C.I. et les remous liés aux compromissions politiques en

France, l'extraordinaire changement des mentalités face à l'argent noir. Elle met en scène des acteurs connus de notre économie, aussi faudra-t-il utiliser des pseudonymes : une entreprise de travaux publics que nous nommerons « BÉTÉPÉ », sa filiale « GECKO » et son intermédiaire véreux dont le nom ressemble prodigieusement à celui de l'escroc inventé par Hergé : Rastapopoulos.

Rolex « retour du Golfe » agrémentée d'une myriade de diamants au poignet et pochette multicolore, Rastapopoulos sonne donc à la porte de GECKO avec, dans une mallette en crocodile, un dossier en or, une affaire extraordinaire ! Qui fera tourner BÉTÉPÉ-GECKO pendant plusieurs mois, qui va créer des emplois et qui, en plus, apportera la santé à quelques-uns de nos concitoyens.

De quoi s'agit-il ? De créer dans le Vercors, dans la région de Villard-de-Lans, un centre d'« alpothérapie ». Mais si, voyons, vous connaissez l'« alpothérapie » : se faire soigner par les Alpes ! Balades, bon air, soleil et ultraviolets, quelques bains bouillonnants par-dessus, et hop ! le tour est joué. Bien mieux que les bains de siège de la « Zaraïothérapie ». Et beaucoup plus cher... Quatre-vingts millions de francs tout compris, avec l'installation médicale, paramédicale, et la dernière touche de vernis à ongles sur les orteils des infirmières. Quatre-vingts millions dont quarante-huit pour la seule BÉTÉPÉ-GECKO, chargée du gros œuvre. C'est tentant.

– J'ai le montage financier ici, en projet, dit

Rastapopoulos en frappant la peau de crocodile de sa mallette. Il est quasiment fait! Je vais vous le décrire. Mais pour le réaliser, il faudra ouvrir au Luxembourg, dans une banque de votre choix, un compte joint entre vous et moi, Rastapopoulos, sur lequel vous disposerez treize millions de francs. Oui, oui! Treize millions de francs seulement. C'est indispensable pour obtenir la caution bancaire qui garantira, grosso modo, le sixième d'un prêt qui est déjà quasiment accordé par une banque américaine.

Rastapopoulos est l'homme des « quasiment ». Si on se laisse glisser sur la pente, l'opération peut être juteuse... Dès lors, pourquoi appelle-t-on Malevich ? Parce que le Crédit Lyonnais est la banque de BÉTÉPÉ-GECKO, dont les responsables posent le problème de la « faisabilité » d'un compte joint au Luxembourg.

Première réaction du Crédit Lyonnais :

– Il est quand même surprenant qu'une banque américaine se satisfasse d'une caution ne garantissant que le sixième du prêt à consentir...

BÉTÉPÉ-GECKO, frappée de plein fouet par la crise, est très excitée par l'affaire. Pas question de s'arrêter à de tels détails.

Le dossier arrive entre les mains de Jean Malevich. Est-il possible de faire un compte joint ?

– Bien sûr... mais pour moi, ce n'est pas ça le problème. Pourquoi ce montage financier si complexe, alors qu'on peut très bien réaliser une affaire franco-française ? Votre « apporteur » a une activité ici, en France. Il doit y avoir une banque.

Renseignez-vous sur son passé professionnel, voyez auprès de sa banque. Si tout cela est sain, rien n'interdit que nous trouvions nous-mêmes le financement...

Mais BÉTÉPÉ-GECKO ne l'entend pas de cette oreille, réclamant mordicus son compte joint.

– Bon..., soupire Jean Malevich. On reprend le schéma, si vous le voulez bien. Est-ce que vous ne trouvez pas curieux, quand même, qu'on aille chercher au fin fond des États-Unis, en Floride, un financement d'« alpothérapie » dans le Vercors ? Croyez-vous sincèrement avoir affaire à un « apporteur » honnête ? Deuxième point, ces treize millions qu'il vous demande de verser, est-ce que ce ne serait pas, par hasard, une commission ?

BÉTÉPÉ-GECKO baisse un nez à la fois honteux et attentif sur les documents transmis par Rastapopoulos. Il est prévu 27 % de commission sur le gros œuvre. Soit environ... treize millions de francs !

– Vous jouez là un double rôle, explique Jean Malevich au directeur du service juridique de BÉTÉPÉ-GECKO : vous allez verser treize millions de *commission* qui serviront de *fonds propres* à l'obtention d'un prêt venu d'outre-Atlantique. À l'autre bout, une banque américaine consent *un prêt global de quatre-vingts millions qui s'adosse à des capitaux au moins de cette importance.* Cela ne vous incline pas à vous interroger ? En tout cas, moi, je m'interroge...

Et c'est ici, tandis que Jean Malevich regarde droit dans les yeux le directeur juridique de BÉTÉPÉ-GECKO, qu'il convient d'interrompre cette histoire en expliquant ce qu'est la technique du prêt adossé, ou *loan back* :

Un exemple particulièrement éclairant est fourni par l'affaire américaine de la « pizza connection ».

La première étape consistait, pour des trafiquants de drogue, à transférer hors des États-Unis d'importantes sommes en espèces provenant de la revente au détail des doses d'héroïne. Ces espèces étaient ensuite déposées sur des comptes bancaires ouverts au nom de sociétés écrans dans des banques *off shore* des Caraïbes. Après cette étape, qui correspond au placement, venait ensuite la phase d'empilage : les fonds étaient alors virés sur d'autres comptes ouverts au nom d'autres sociétés écrans dans des pays réputés être des paradis bancaires. L'opération était répétée plusieurs fois.

Venait ensuite la phase d'intégration, qui permettait de rapatrier les fonds vers les États-Unis, pour pouvoir en bénéficier en toute légalité. La technique utilisée était celle du prêt adossé *(loan back)*, qui consiste en fait à se faire un prêt à soi-même.

Pour cela, il suffisait aux trafiquants de créer une société dans le pays choisi pour le recyclage et de demander à une banque sur place un prêt d'installation. Conformément aux usages, la banque demandait à la société une caution garantissant ce prêt. Les blanchisseurs fournissaient alors un certificat de dépôt émanant de l'établissement bancaire du pays étranger où avaient été déposés les fonds à recycler. Le prêt accordé, la société ouvrait une pizzeria et ne remboursait pas le prêt. La banque faisait jouer la caution et l'argent sale lui était alors viré. La société propriétaire de la pizzeria avait ainsi blanchi, en toute légalité, une partie des fonds du trafic et pouvait, mais c'est presque une autre histoire, continuer à recycler de l'argent noir en gonflant artificiellement ses recettes...

La multiplication des sociétés écrans et les passages par des paradis bancaires comme la Suisse, le Luxembourg, Monaco, les îles anglo-normandes, la principauté d'Andorre, les Caraïbes, et notamment Saint-Martin, ou certaines îles du Pacifique, empêchent de remonter à la source de l'argent, tandis que la pratique de garantie sur certificats de dépôt servant de caution à des prêts, tout à fait courante pour les établissements bancaires, égare les soupçons.

Même si, *a priori*, un prêt adossé à des comptes de dépôt alimentés par des espèces peut paraître suspect, dès lors que ces comptes sont alimentés dans des places *off shore* où ces versements en espèces sont autorisés, il devient difficile d'intervenir.

Voilà. Avec ce voyage explicatif, vous avez tout compris. Et vous pouvez, tel Jean Malevich, regarder avec un certain amusement le directeur du service juridique de BÉTÉPÉ-GECKO.

– Treize millions de caution versés au Luxembourg ne suffisent pas à garantir l'obtention d'un prêt de quatre-vingts millions de francs en provenance des États-Unis. C'est clair.

Silence du responsable de BÉTÉPÉ-GECKO, qui sent l'affaire lui échapper.

– D'autre part, poursuit Malevich inexorable, je vous prie de remarquer que cette somme est une commission due. Donc elle disparaîtra sitôt que le prêt sera accordé. Treize millions de fonds propres illusoires ! Sur quoi s'adosse votre opération américaine, je vous le demande, sinon sur de l'argent sale ?

BÉTÉPÉ-GECKO pâlit, bredouille qu'avec la crise ce n'est pas être foncièrement malhonnête que de faire travailler son entreprise et de nourrir ses salariés ! Le chômage, monsieur Malevich, le chômage...

– Écoutez, tranche le chargé de mission du Lyonnais. Rappelez-vous la B.C.C.I... Il y a des lois là-dessus.

Conformément aux recommandations du G.A.F.I. (Groupe d'action financière internationale), le gouvernement français a fait voter plusieurs textes et en particulier la loi du 12 juillet 1990, qui organise la participation des organismes financiers à la lutte contre le blanchiment des capitaux provenant du trafic des stupéfiants. Cette loi rend obligatoire la déclaration de soupçon de blanchiment par les banques et autres organismes financiers lorsqu'il y a lieu de s'interroger sur l'origine de certains capitaux ou sur les véritables motifs de certaines transactions qui paraissent inexplicables dans le cadre de l'activité habituelle du contractant.

BÉTÉPÉ-GECKO soupire, suppute la rumeur, les complications. Quarante-huit millions, quand même... peut-être plus en grignotant sur les quatre-vingts...

Malevich poursuit le dépouillement du dossier. Une société écran, « X Investment », après établissement du compte au Luxembourg, doit bénéficier du prêt aux États-Unis avant de le transmettre en France.

BÉTÉPÉ-GECKO agite une main lasse :

– Ça sent trop mauvais. On laisse tomber...

Puis, saisi d'une inspiration :

– Au fait, puisque vous pouvez vous renseigner sur Rastapopoulos, faisons-le...

Le sieur Rastapopoulos, en vérité, n'a aucun passé de promoteur immobilier. C'est un petit clerc de notaire culotté d'alpaga et cravaté de soie, c'est tout. Jean Malevich n'a pas pour mission d'aller plus loin, sinon pour étayer ses doutes. Le clerc de notaire a dû être sollicité comme intermédiaire par des intervenants lointains...

Quelques mois plus tard, au début de l'année 1993, la Direction nationale des enquêtes fiscales va permettre d'aller plus avant. Une enquête est en cours sur un client du Crédit Lyonnais, un certain Maurice Z. qui est opaque – très opaque même – sur le plan fiscal et dont le compte, après examen, montre des mouvements surprenants. En un mois, on observe un million de rentrées qui repartent immédiatement vers Israël, la Russie, les États-Unis... Or, ce « M. Maurice », selon la Direction nationale des enquêtes fiscales, possède des intérêts dans la société « X Investment » aux États-Unis, celle-là même qui était à l'origine du montage Vercors-plein-ciel, « la santé par l'alpothérapie »... La boucle est bouclée. Nous barbotons dans la lessive. Malevich ne m'en dira pas plus.

Il consent, en revanche, à tirer la leçon de cette aventure. Il y a seulement trois ou quatre ans, l'entreprise de Rastapopoulos n'aurait pas attiré l'attention des banquiers. BÉTÉPÉ-GECKO étant un gros client (« une grande relation », dit-on avec délicatesse), le dossier n'aurait pas atterri sur son bureau. Le principe était aisé, moelleux : cette entreprise est sérieuse. Elle veut faire des affaires. Le Vercors est une région intéressante : loisir, santé... Personne n'aurait glosé sur la complication du schéma financier. Le client a trouvé un financement ? Tant mieux ! Un financement lointain ? Pas de problème. En avant, calme et droit.

Mais maintenant ? Après la B.C.C.I., les fausses factures en France, la corruption en Espagne et en Italie... Après la révélation de ces turpitudes, les mentalités ont changé ; sinon par vertu, du moins par prudence.

Que s'est-il passé exactement dans la tête de BÉTÉPÉ-GECKO face au chargé de mission du Lyonnais ? L'image, la terreur de l'image ! Pour peu qu'on découvre le versement de la « caution-commission », deux chefs d'inculpation sont possibles. Premièrement : blanchiment. C'est difficile à établir dans le cadre actuel de la loi, mais cela laisse des traces... Deuxièmement : *abus de bien social.* Avec la malignité de certains magistrats...

Et que se passe-t-il dans la tête des banquiers ? Il existe un réflexe d'alerte et de prudence depuis que la corruption est devenue un phénomène de société.

Pourtant, il reste la question des « banques d'affaires »...

– Je ne voudrais pas donner l'impression d'un jugement critique, soupire Jean Malevich. Mais évidemment, quand on parle des banques d'affaires, on sous-entend quelques zones d'ombre. Il faut songer avant tout qu'il s'agit d'une question d'hommes. J'ai entendu, récemment encore, cette phrase : « C'est embêtant, il ne faut pas prêter le flanc, bien sûr... Il y a la loi !... Mais, en même temps, il ne faudrait pas casser le business... »

Phrase pleine de non-dit, et qui se complète par cette réflexion : « Est-ce que c'est vraiment notre rôle à nous, banquiers, en France ?... »

Les banquiers d'affaires, face à un afflux de capitaux en augmentation considérable, se posent la question, dans les strictes limites de la loi de 1990 sur le blanchiment (drogue). En revanche, pour tout ce qui concerne les opérations immobilières avec intervenants dans les micro-États européens (Luxembourg, Liechtenstein, Monaco...), la curiosité ne les taraude pas. Le réflexe est celui du cochon sur la truffe. On fouit droit au sol : « Nous, on a un intervenant, un apporteur principal qui est notre client. S'il s'associe avec des sociétés dans les paradis fiscaux, ce n'est pas notre problème. »

Évidemment, se plaquer des œillères, restreindre son champ de vision des trois quarts, c'est encore répondre à la loi.

Je conclus. Le tintamarre sur la corruption incite à plus de vigilance. La fraude est plus vite repérée, qu'elle soit débusquée et combattue demeurant, comme le dit Jean Malevich, « une question d'hommes ». Quoi qu'il en soit, l'argent sale s'est mis à sentir mauvais. Il pue au nez du banquier comme au nez de ceux qui luttent contre la corruption. C'est un gros progrès ! Mais comment ne pas penser à ce mot du bouvier de Vespasien qui, souhaitant s'affranchir de sa qualité d'esclave, en fit humblement la supplique à l'empereur.

– Ça sera mille sesterces, répondit le vieux grigou.

– Quoi ? divin Titus Flavius Vespasianus, reprit le bouvier, toi qui érigeas ton arc de triomphe, entrepris l'amphithéâtre Flavien, reconstruisis le temple du Capitole, dédias le temple de la Paix, toi qui traças les aqueducs, perças les artères de Rome, soumis la Judée et la Gaule, occupas la Commagène, tu demanderais à un misérable gardien de bœufs, un rustre ignorant, sale et pauvre, oui, divin empereur, tu oserais lui demander de l'argent en échange de sa chétive liberté ?

– C'est mille sesterces ou il n'y a rien de fait, répliqua tout sec Titus Flavius Vespasianus.

Le bouvier cassa sa tirelire et vint l'offrir à son

maître qui sourit, fit l'aimable et l'embrassa sur la bouche à l'instant de l'affranchir.

Sur le chemin de la liberté, le bouvier alors s'ébroua, s'essuya d'un revers de main le cou et les lèvres en murmurant :

– Un renard change de poil, non de caractère.

4. L'arche des nuées

– Il faut lutter ensemble, banquiers, policiers, magistrats, répète Jean Malevich.

En vérité, lorsqu'il a évoqué le changement de mentalité des banquiers, j'ai manqué de repartie. Je ne lui ai pas cité le mot du bouvier de Vespasien. Il en aurait souri, avec philosophie et amertume. Malevich, je l'ai dit, est correspondant de T.R.A.C.F.I.N. [1], le service spécialisé du ministère des Finances (Traitement du renseignement et action contre les circuits financiers clandestins). À quoi sert-il, cet organisme, si les banquiers se retranchent derrière leurs coffres ? Cette question, que j'ai posée de façon un peu agressive, a déclenché chez Malevich une remontée discrète des épaules, une levée des avant-bras, une retombée molle sur la table et un soupir qui en disaient long.

J'ai compris. Agenouillez-vous. Priez. La foi viendra après. On ne peut reprocher à T.R.A.C.F.I.N. de symboliser une bonne intention. Cet organisme a pris naissance dans les grandes déclarations de principes de 1989, au sommet de l'Arche. Et de

1. Se prononce (sans jeu de mots) : « traque fine ».

fait, ce fut un événement splendide, ce sommet des « 7 » qui eut lieu du 14 au 16 juillet 1989 ! Aux Champs-Élysées, Jean-Paul Goude déroula son défilé-bazar sous l'œil un peu surpris des chefs d'État venus assister au bicentenaire de la Révolution française. Jessye Norman fut colossale, François Mitterrand impérial, Helmut Kohl amical, George Bush poli, et Margaret Thatcher, le regard mauvais et la lippe en avant, refusa que les reporters prissent des photos d'en bas tandis qu'elle descendrait l'escalier de la pyramide du Louvre. Elle avertit qu'elle n'assisterait pas au dîner final.

– Vous savez, observa François Mitterrand philosophe, il est dans la nature des femmes d'être insatisfaites... Oh, enfin, ne me faites pas dire ça ! Il y en a qui sont très satisfaites... Mais celle-là !...

Puis, sur le chemin de l'Arche, il eut un frisson très privé en songeant à la Dame de fer :

– Elle a, soupira-t-il, les lèvres de Marilyn et les yeux de Caligula !

Un vent tiède agitait les faux nuages en plastique arrimés aux parois de l'Arche lorsque, au soir du 16 juillet, retentit la déclaration solennelle :

– Nous, chefs d'État et de gouvernement des sept pays industrialisés, ainsi que le président de la Commission des communautés européennes [...] demandons instamment à tous les pays [...] de se joindre à nos efforts afin de s'opposer à la production de stupéfiants, de réduire la demande et de poursuivre la lutte contre le trafic lui-même et le blanchiment des gains qu'il procure...

Appel historique ressortissant autant à la morale

qu'à la santé publique, à la conduite des États et à l'économie : l'infiltration de narcodollars peut déséquilibrer les économies des nations productrices et susciter des transferts de pouvoirs (exemple : le cartel de Medellín, en Colombie). Elle peut gravement perturber les transactions boursières en créant un climat de suspicion. Elle peut même bouleverser le marché de l'art en provoquant une flambée des prix !... Points de passage obligé de l'argent noir, les banques et institutions financières sont en première ligne. Or leur prospérité est censée reposer sur une image de confiance et d'honnêteté.

L'Arche, en cet été 1989, accouche donc du Groupe d'action financière internationale. Conformément aux recommandations du G.A.F.I., le gouvernement français fait voter la loi du 12 juillet 1990, qui oblige les établissements financiers à déclarer leurs soupçons lorsqu'il y a lieu de s'interroger sur l'origine de certains fonds. Excellent principe, dès lors qu'il est suivi d'effet...

La déclaration de soupçon doit en pratique être adressée au service spécialisé du ministère de l'Économie et des Finances, T.R.A.C.F.I.N., créé en 1990, en même temps que l'O.C.R.G.D.F. dirigé par le commissaire Wack.

T.R.A.C.F.I.N. est un centre de renseignement et d'expertise, une sorte de tour de contrôle de la circulation des capitaux. Les agents qui le composent sont des agents publics issus, pour la plupart, des grandes administrations de l'État, et notamment de la douane. Ils sont habilités à recueillir, à centraliser et à analyser les déclarations de soupçon. Ils reçoivent des informations en provenance de tous les services publics et de leurs homologues étrangers. Ils entretiennent des relations permanentes avec les organismes internationaux de lutte contre la drogue et le blanchiment.

Quels sont les pouvoirs spécifiques de cet organisme ?

– Le droit de communication de tout document détenu par les institutions financières et les organismes bancaires concernant les opérations qui lui ont été signalées.

– Le pouvoir de s'opposer, pendant un délai de douze heures, à l'exécution de transactions suspectes signalées. À l'issue de ce délai, l'opposition doit être confirmée par décision judiciaire.

– La possibilité de déférer au procureur de la République les faits qui lui paraissent constituer un délit de blanchiment.

Quelles sont les règles déontologiques ?

T.R.A.C.F.I.N. garantit l'anonymat de ses sources d'informations et le respect du secret professionnel le plus absolu. Il s'interdit d'utiliser les informations qui lui sont transmises à d'autres fins que celles de la lutte contre le trafic des stupéfiants ou le blanchiment d'argent issu d'activités criminelles. Ces informations ne peuvent en aucun cas être utilisées à des fins fiscales [1].

1. Cette dernière déclaration de principe doit être prise avec circonspection, certains renseignements de nature « transpirante » pouvant conduire à des enquêtes fiscales, sur le train de vie, par exemple...

Après expertise des informations recueillies, et si celles-ci méritent un approfondissement aux fins qu'il poursuit, T.R.A.C.F.I.N. est autorisé à les communiquer uniquement à la douane et à l'O.C.R.G.D.F. si un complément d'enquête est nécessaire; au procureur de la République si les conditions de la loi antiblanchiment sont réunies, ou si les informations reçues mettent en évidence un crime ou un délit liés notamment à la grande délinquance organisée.

Ouf! Pardonnez cette abondance de précisions juridiques et administratives, mais avant de passer à la critique de cet organisme, essentiel dans le système français, encore fallait-il le décrire en détail. C'est chose faite. Maintenant j'en viens à l'efficacité, et je constate que T.R.A.C.F.I.N., en vérité, est un bidule à trois pattes... Un « Alien » venu d'ailleurs, surgi des nuées de l'Arche en vue d'une solution angélique d'apurement des circuits financiers.

Qu'est-ce qu'un trépied ? Tous les ébénistes vous le diront : c'est le comble de la stabilité. Voyez le nombre de tables à quatre pattes branlantes. Tandis qu'à trois, le tour est joué : l'objet ne bouge plus. L'ennui est que, si l'une des trois pattes est plus courte que les autres, c'est le plateau qui se retrouve de travers. Vous posez un verre d'eau dessus ou bien la pomme de Newton; gravitation oblige, la terre tout entière et le verre ou la pomme s'attirent avec une force F proportionnelle aux masses et inversement proportionnelle au carré de la distance... Le verre d'eau dérape, chute, et se brise. La pomme roule et se tale. C'est exactement ce qui se passe avec T.R.A.C.F.I.N., qui repose sur une grande patte : l'administration ; une autre grande patte : la loi ; et une courte patte vermoulue : la transparence des banques. À qui fera-t-on croire que les banques, à qui profite le blanchiment, vont tout à coup se mettre à dénoncer leurs activités bénéficiaires à un organisme administratif, lequel va transmettre au parquet ? Mon propos n'est pas une attaque personnelle, infondée et gratuite. Il faut lire le rapport d'enquête de la commission européenne spécialisée en ce domaine, sous la signature du député irlandais Patrick Mark Cooney : « La principale faiblesse du droit international et des législations nationales réside dans le fait que, d'une manière générale, ils reposent sur l'intégrité du système bancaire. Or, les événements prouvent que cette intégrité ne doit pas être prise pour argent comptant. »

De nombreux cadres supérieurs de banques, tant français qu'étrangers, reconnaissent en privé que leurs établissements respectifs blanchissent de fortes sommes en prenant des « marges » très élevées.

Pour la plupart d'entre eux, ils justifient cette politique délibérée par trois types d'arguments employés souvent de manière cumulative.

Le premier concerne l'économie générale : une partie non négligeable des flux financiers dans le monde étant d'origine inconnue ou occulte, il est bien nécessaire de réintégrer ces richesses dans l'économie développée afin qu'elles deviennent productrices et... utiles à la collectivité!

Le deuxième relève de l'éthique professionnelle : le secret bancaire est indissociable des fondements mêmes de la démocratie, et il faut protéger cet attribut traditionnel de la profession bancaire contre les tentatives d'ingérence du pouvoir exécutif.

Le troisième type d'arguments a trait à la concurrence entre banques : la mise en place et le fonctionnement de lessiveuses fiables rapportent aux banques *des marges se situant entre 10 et 15 %* des sommes traitées s'il s'agit d'un « blanchiment de bonne qualité ». Il est souvent mis en avant par les membres de la profession bancaire que, dans une situation caractérisée par une forte concurrence, celui d'entre eux qui exclurait *a priori* tout contact avec de l'argent douteux ne pourrait pas faire face à la compétition.

Quelques banques françaises, avec leurs extensions *off shore* – derniers avantages des poussières d'empire – brassent ainsi des milliards de dollars en répétant complaisamment à leurs cadres et employés que, « de toute manière », seul l'argent de la drogue est puni par la loi. Cela laisse de la marge...

Certaines de nos « nationalisées » se sont fait pincer. Mais toujours à l'étranger (le Crédit Lyonnais aux Pays-Bas, la B.N.P. au Luxembourg), ce qui laisse perplexe sur les modalités de la répression en France. Ainsi, dans l'affaire « Franklin

Jurado », l'argent du cartel de Cali a en partie été retrouvé en France, après blanchiment au Luxembourg, sur des comptes du Crédit Lyonnais, de la B.N.P. et de la banque Sudameris.

Pour prendre la mesure de l'inefficacité de T.R.A.C.F.I.N., quelques chiffres : en un an et demi, six cent vingt déclarations de « soupçon ». Le mot lui-même prête à sourire après ce que l'on vient de voir. Sur ces six cent vingt déclarations, vingt transmises au parquet, vingt dossiers « vivants » parmi lesquels, avec un peu de chance, deux arriveront en jugement ! Et, jusqu'ici, pas un seul tribunal correctionnel n'a eu à juger une véritable affaire de blanchiment. Aucune réponse judiciaire, les Français affirment pourtant dans les conférences internationales : « Regardez, nous avons un système intéressant, des propositions de lois... » En fait, des coquilles vides.

Le système britannique, pour n'être pas idéal, est beaucoup plus efficace. Dès 1987, soit trois ans avant la mise en place de T.R.A.C.F.I.N. en France, 501 déclarations. En 1992, 11 500 ! Et 20 000 attendues pour 1993. Vertu ? Non. Prudence. L'administration des douanes est extrêmement forte, très centralisée, avec pour ses agents la qualité d'officiers de police judiciaire. Les banquiers sont, en Grande-Bretagne, obligés de faire des déclarations de soupçon sous peine de sanctions pénales. Et surtout, le principe applicable est celui du *renversement de la charge de la preuve.*

L'expression est technique mais le principe est simple. Je m'explique.

Imaginez que la police arrive, en France, à remonter un circuit et qu'une personne, par exemple notre clerc de notaire Rastapopoulos, ait tout d'un coup treize millions de francs sur son compte. Son salaire est de douze mille francs par mois. On lui demande :

– Monsieur, d'où vient cet argent ?

Il répond :

– Cela ne vous regarde pas.

Impossible d'aller plus avant. Aucune sanction. C'est à la police de faire la preuve du délit. Même si l'on sait, par recoupements, que les fonds viennent de Cosa Nostra, ou d'un cartel colombien, tant que la preuve n'est pas établie, l'homme est libre.

Dans le système anglo-saxon, Grande-Bretagne et États-Unis, mais aussi en Italie, c'est l'inverse. Si le clerc de notaire n'arrive pas à prouver la légalité de ses revenus, il est *a priori* coupable. Il y a une présomption, dite « irréfragable ». À la personne examinée de démontrer son innocence. C'est cela, le renversement de la charge de la preuve.

Nous n'en sommes pas là en France. Et c'est grand dommage, car cette disposition est un véritable levier pour les enquêtes sur le crime organisé. Le rapport de forces est changé. Les banques, placées dans une telle « philosophie », ne peuvent que collaborer. D'où le succès des déclarations de soupçon dans le monde anglo-saxon.

Le cynisme de nombre de nos banquiers, ainsi

que de ceux du Luxembourg et de la Suisse – pour s'en tenir aux pays limitrophes –, doit donc être dénoncé de la façon la plus claire. Ils se moquent du monde, ils pratiquent le double langage, affirmant que le secret bancaire n'existe plus alors qu'ils encouragent par ailleurs l'épanouissement de lessiveuses comme celle de Biarritz ou, à plus grande échelle, celles de la B.C.C.I.

Ce n'est pas un hasard si la plupart des chercheurs sur les phénomènes de blanchiment se sont retrouvés à la 5e conférence internationale sur la corruption qui s'est tenue à Amsterdam du 8 au 12 mars 1992 ; la corruption entretient un rapport intime avec le blanchiment. D'abord parce que l'argent de la corruption est blanchi avec le reste de l'argent sale dans des lessiveuses. Ensuite, parce que les organisations criminelles pratiquent la corruption comme d'autres font du tricot : elles cherchent, pour parvenir à leurs fins, à corrompre tout ce que l'État et les secteurs économiques et financiers comptent de responsables avant d'employer la force, si besoin est. Enfin et surtout parce qu'une opération de blanchiment un peu sophistiquée ne peut se monter sans la complicité active de plusieurs intermédiaires financiers. Le blanchiment, dans son déroulement même, est une manière de corruption.

Ces deux délits, qui fédèrent l'ensemble des activités de la criminalité organisée, ont en commun de ne pas faire de victimes apparentes et de mettre en œuvre des acteurs sociaux puissants.

C'est du couple infernal corruption-blanchiment que les principaux groupes de criminalité organisée tirent leur richesse et leur expansion. C'est également de leur connaissance de la corruption, et de ses bénéficiaires, que les milieux bancaires tirent une bonne partie de leur très réelle influence, dont ils usent pour empêcher, au nom d'une déontologie caricaturalement libérale, tout contrôle *réel* du blanchiment. La corruption protège le blanchiment, qui nourrit la corruption – en une spirale financière conduisant à une criminalisation sans cesse accrue de l'économie.

III

Le péril français

1. La morale des fox-terriers

Déjeuner avec François d'Aubert à *La Marlotte*, non loin de l'Assemblée nationale. Je ne vous en donne pas l'adresse de crainte d'être accusé de publicité cachée. Mais le fait est que la cuisine y est bonne – traditionnelle, ô douce France –, le vin vieux, que la température y est un peu trop élevée et l'ambiance feutrée. Normal : majorité et opposition s'y retrouvent quelquefois au coude à coude, échangeant des propos qui ne doivent pas voler de table en table. D'Aubert vit en accéléré. Fin janvier, il a fait paraître *L'argent sale* consacré à la reprise de la M.G.M. par Paretti. Un pavé de presque six cents pages qui a atterri directement à l'estomac du Crédit Lyonnais. Et puis, à l'aube de février, le rapport de la commission d'enquête sur les moyens de lutter contre les tentatives de pénétration de la Mafia en France.

Document on ne peut plus précis, rapporté par Bertrand Gallet, auquel ont travaillé une vingtaine de députés venus de tous les horizons politiques. Parmi lesquels des gens qui savent de quoi ils parlent. Comme, par exemple, François Bernardini, ou Christian Estrosi.

D'Aubert semble convaincu de la nécessité de créer, au sein de la magistrature, un « service central de lutte contre la Mafia », du même type que le S.C.L.A.T. (Service central de lutte antiterroriste) animé à ses débuts par le juge Marsaud. La police, depuis le 1er janvier 1993, possède une petite unité de coordination et de recherche anti-Mafia (U.C.R.A.M.) dirigée par le commissaire Jacques Poinas. C'est un début encourageant, bien que le garde des Sceaux de l'époque, Michel Vauzelle lui-même, ait émis, comme à son habitude lorsque quelque chose le dépasse, les plus sérieuses réserves sur la pénétration de la « pieuvre » en France... Et de fait, quelle a été la réaction des Français, lors du maxi-procès de Palerme en 1986 ? Une écoute formelle : personne ne se sentait concerné. Puis, avec une odeur sans cesse plus épaisse, plus pestilentielle, l'Italie entière a commencé de se décomposer. Alors, on s'est posé la question...

Premier mouvement, en 1992 : on prétexte la distance. La Mafia ? C'est loin. C'est un phénomène qui ne correspond pas à nos mœurs, à notre histoire, à notre culture. Pourquoi voulez-vous que nous ayons cela chez nous ?

Mais l'année 1992 s'avance. Après l'Europe de Schengen, l'établissement du Grand Marché, le référendum de Maastricht, l'Italie est à nos portes. On s'inquiète : la Mafia ? Et si c'était vrai ?

Les médias s'en emparent. Alors renvoi de balancier, mouvement de frilosité rétractile : mais non ! Mais non ! Regardez autour de vous ! Voyez-vous des « hommes d'honneur », des sicaires et des « coupoles » ? Des départements français mis en coupe réglée par des « familles », des borsalinos à mitraillette arpentant la Beauce et la Brie, des « cadavres exquis » baignant dans leur sang au bord des trottoirs ? Allons, c'est ridicule ! Non ! Il n'y a pas de Mafia en France !... En le répétant souvent, selon la méthode Coué, on arrive évidemment à y croire. Évoquer la Mafia, c'est jouer à se faire peur, c'est crier au loup.

Telle est la morale des fox-terriers. Ils filent, truffe en avant, au ras du bitume. Ne sentant que ce qui s'y dépose. Regarder plus haut ? C'est trop haut. Regarder plus loin ? C'est trop loin.

– Il faut, explique François d'Aubert, raisonner en termes de macro-économie.

C'est l'angle de réflexion choisi depuis le début de ce livre. La France se classant parmi les nations les plus riches du monde, il est naturel et logique que l'argent afflue à Paris, comme il va à New York, Chicago, Londres ou Zurich. Les circuits sont organisés, en France comme ailleurs, nous l'avons clairement vu avec la lessiveuse de Biarritz. Il y a une échelle de valeurs qu'il est important d'intégrer dans nos schémas de pensée : *actuellement, et pour la première fois, les profits des organisations criminelles tirés de l'argent blanchi et réinvesti sont plus importants que ceux qui proviennent de la délinquance pure.* Le recyclage de l'argent du crime dans les circuits légaux, petit commerce, immobilier, usines, etc., aboutit à un profit supérieur à celui qui est tiré de la prostitution, du racket et du trafic de drogue. Cela signifie qu'on est en passe d'atteindre un point de non-retour et que *le poids économique et donc politique* de ces organisations devient gigantesque. Maintenant, c'est cela, la Mafia. De source italienne, on considère que 50 % du chiffre d'affaires provient d'activités devenues légales après recyclage. Dans vingt ans, quel sera le pourcentage ? Et quel terrible transfert de pouvoir faut-il craindre pour les pays où les fonds circulent et prospèrent ? *Au lieu de raisonner en termes de groupe criminel marginal, il faut changer d'échelle, raisonner la Mafia en tant qu'entreprise.*

L'entreprise mafieuse a un objectif : faire le plus d'argent possible en prenant le minimum de risques. Que produit-elle ? Du crime, c'est sa raison d'être. Quels sont ses bénéfices ? L'argent du crime.

Ensuite, il y a la transformation, c'est le blanchiment, l'investissement et la diversification. Enfin, comme pour tout groupe industriel important, la diversification dépasse l'activité originelle. Nous y voilà...

Si on ne peut parler de Mafia au sens tristement folklorique (hommes d'honneur et cadavres exquis) pour la France, force est de constater que notre pays, comme les autres pays industrialisés, fait partie de la « stratégie mafieuse ». Les experts distinguent trois niveaux. Le premier : exactions violentes et trafic qui assurent le contrôle d'un territoire et la production de revenus. Les deux autres niveaux, nous n'avons cessé d'en parler : blanchiment et diversification. Ainsi, parodiant Steven Spielberg, dirai-je que la France est menacée par une Mafia du deuxième et surtout du « troisième type ».

2. Affreux, sales, riches et méchants

Après le diagnostic, quelques histoires d'hommes.

En novembre 1992, la commission parlementaire italienne d'enquête sur la Mafia a interrogé deux repentis : Leonardo Messina et Antonio Calderone.

Leonardo Messina a expliqué :

– Je connais les cellules de Cosa Nostra en France, en Belgique et en Allemagne.

Suit alors ce dialogue entre le président et Leonardo Messina :

– Procédons par ordre; pouvez-vous expliquer la présence de Cosa Nostra en Allemagne ?

– Il s'agit des groupes de dix différentes familles. Il y en a deux de Palma di Montechiaro, un qui appartient à la Stidda, et un qui correspond aux Ribisi.

– Vous souvenez-vous dans quelle ville ?

– À Mannheim, je crois.

– En France ?
– À Grenoble.
– En Belgique ?
– À Bruxelles.
– En Suisse ?
– Je n'en ai pas eu connaissance...

L'interrogatoire du président se poursuit avec l'autre repenti, Antonio Calderone, arrêté en France, qui donne une version plus floue de l'implantation de la Mafia.

– Y a-t-il des familles à l'étranger ?
– Des familles de Cosa Nostra... J'ai entendu parler d'une cellule de dix qui pouvait se trouver en France.
– À Marseille ?
– Non, je ne me rappelle plus la localité.

François d'Aubert, citant ces témoignages, révèle dans son enquête parlementaire : « La famille installée à Grenoble, où vit une forte communauté sicilienne, serait rattachée à la famille Sommatino, dont le fief est le village du même nom, situé à proximité de Caltanissetta. Un certain Giacomo Pagano, membre présumé de la famille Sommatino et résidant en France, fait l'objet d'une enquête de la police italienne... »

Cette révélation a fait suffisamment de bruit dans la presse en février dernier pour ne pas devoir revenir sur le personnage de Pagano qui a, depuis, été expulsé par la voie administrative, la France ne possédant pas suffisamment d'éléments contre lui.

Alain Carignon, maire de Grenoble, a réclamé la lumière, « toute la lumière », et regretté que les auteurs du rapport n'aient pris contact ni avec lui ni avec les responsables de la justice et de la police. Le procureur général de Grenoble, Michel Albarède, s'est insurgé :

– La publication de ce rapport aura pour principale conséquence de démobiliser les policiers chargés des enquêtes en cours. Les policiers qui ont passé des nuits et des nuits à effectuer des filatures et qui voient leur travail ruiné ne sont pas satisfaits. Ça se comprend. On sait que des gens qui maintenant se savent surveillés prennent des précautions. Ce sont eux maintenant qui surveillent ceux qui sont chargés de les surveiller. Dans ces conditions, ce n'est pas la peine de continuer.

Contre-attaque immédiate de François d'Aubert et de son rapporteur Bertrand Gallet :

– Il va falloir que les Français s'habituent à ce que les parlementaires fassent leur travail.

Et de se demander « s'il y avait vraiment une enquête à Grenoble ». N'entrons pas dans cette dernière polémique, sinon pour constater que la citation du nom de Pagano était probablement prématurée.

« Cette information reste jusqu'à présent unique en son genre, précise le rapport d'Aubert. La communauté italienne en France, forte de 294 000 membres dont 37 900 Siciliens, ne peut être soupçonnée d'être noyautée par la Mafia ou d'abriter des enclaves mafieuses. Cette communauté présente notamment la caractéristique d'être particulièrement bien intégrée à la société française et de n'avoir jamais été cantonnée dans des ghettos propices au quadrillage mafieux.

« S'il a existé des petits groupes de délinquants, ils ont toujours été marginalisés par rapport à la communauté italienne. Ce sentiment est conforté par l'analyse des chiffres de la grande criminalité par origine nationale. Ceux-ci montrent quelques homicides commis par des Italiens qui n'ont apparemment aucun lien avec la Mafia. »

Cela dit, il semble que la capitale de l'Isère puisse servir de plaque tournante à un trafic d'armes entre l'Italie et l'Allemagne. Bertrand Gallet avertit :

– L'affaire ne fait que commencer. Dans quelques mois, certains s'en mordront les doigts.

Alors, Grenoble tête de pont d'un débarquement de la Mafia dans l'Hexagone ? Le risque, c'est d'abord que Grenoble et la Côte d'Azur ne deviennent l'équivalent de Mannheim, c'est-à-dire *une base arrière* pour mafieux en fuite. C'est d'Allemagne en effet qu'était parti le commando qui a tué, en septembre 1990, le juge Rosario Livatino. C'est en Allemagne que devait se rendre le juge Paolo Borsellino au moment de son assassinat en juillet dernier.

Les conditions sont-elles pour autant réunies pour un débarquement en règle ? À cela les experts en Italie font plusieurs observations :

Premièrement, la Mafia n'est sûre d'elle que sur

son territoire. Jusqu'à l'arrestation de leur chef Toto Riina, les Corléonesi donnaient « l'impression d'une grande sécurité et de la plus parfaite tranquillité », dit le colonel Mario Mori [1], le numéro deux des commandos spéciaux de carabiniers. À preuve le fait que Riina circulait sans arme dans une voiture non blindée. Cette sécurité est un élément fondamental de l'univers mafieux. C'est elle qui leur permet de contrôler leurs trafics, de terroriser leurs adversaires, d'intimider et de corrompre.

– Cette sécurité, ils ne l'ont vraiment qu'en Sicile ou dans les colonies d'émigrés. Et elle s'est considérablement restreinte depuis que la loi de 1991 sur les repentis a été promulguée, explique Antonio Manganelli, un des responsables de la lutte anti-Mafia à Rome.

Les repentis, en quelques mois, se sont multipliés. Semant le doute au sein même de l'organisation, fêlant l'*omerta*, fragilisant la structure. Il y a enfin quelque chose de pourri au royaume des pourris.

Deuxième remarque des experts italiens : les chefs mafieux « historiques » ne sont pas des délinquants en « col blanc ». Riina à la barre gémissait son innocence et son manque de culture : « Je ne suis qu'un pauvre vieux bonhomme qui sait à peine lire et écrire, monsieur le président ! » Et de fait, avec sa grosse trogne avachie, ses grosses pattes gourdes, sa voix molle et son air madré, il exprimait une part de vérité. Sa rusticité a surpris. Il est pourtant l'archétype du chef mafieux. Criminel

1. Enquête à Rome de Richard Heuze, *Le Figaro.*

et terre à terre ! Pour recycler l'argent sale, Cosa Nostra doit faire appel à des financiers véreux, des hommes d'affaires corrompus. Avec le risque de ne plus pouvoir les contrôler si l'opération devient trop complexe. D'où sa prédilection pour les casinos qui fournissent des liquidités et surtout pour la pierre, prolongement « culturel » du premier métier des Siciliens, la maçonnerie, et d'où son ancrage dans l'île aux trois pointes, sa terre natale. Mais gare aux nouvelles générations !... Les facilités offertes par notre législation ont déjà permis aux recycleurs de s'intéresser de très près au Sud de la France.

– Les investissements mafieux dans l'immobilier sur la Côte d'Azur sont massifs, affirment Luciano Violante, le président de la commission italienne anti-Mafia, ainsi que le substitut de Gênes Brusco [1]. En ligne de mire, les banques de Monaco.

Oh ! Quelle horreur ! s'indigne l'association des banquiers monégasques :

– Il est exact que l'argent italien entre chez nous par valises entières. Il est exact que l'on peut acheter un immeuble en liquide. Mais il ne faut pas confondre l'argent sale et l'argent des petits commerçants qui fuient le fisc italien. La Mafia n'achète pas un appartement de un million et demi de francs pour spéculer. Nous avons par ailleurs demandé aux autorités de hâter la mise en place du dispositif anti-blanchiment. Nous sommes très

1. Dans *Le Figaro* du 22 mai 1993, le substitut Brusco ajoute : « La Camorra a multiplié les investissements jusqu'au-delà de Nice. Cela continue. Ce n'est un secret pour personne. » Pour personne, sauf pour les services français...

vigilants sur ce point. Maintenant, cela ne veut pas dire que des petits malins n'arrivent pas à passer dessous à notre insu...

Bref, passons.

Troisième remarque des experts de la péninsule : la Mafia est en perte de vitesse sur le marché mondial de la drogue. Après avoir pris aux Marseillais le contrôle du trafic au début des années 70 et régné sur le marché américain au cours des années 80, elle subit actuellement la concurrence des Asiatiques (triades, yakusas) pour l'héroïne et des Colombiens pour la cocaïne.

Le juge Falcone faisant état des chiffres du F.B.I. estimait qu'en 1991 la Mafia italienne n'assurait plus que 5 % du trafic mondial d'héroïne :

– Gardez-vous cependant d'en tirer des conclusions définitives. Ce désengagement n'est peut-être que temporaire...

Quoi qu'il en soit, en Europe, elle peine à imposer son monopole sur la cocaïne. Elle réussit beaucoup mieux « ces derniers temps » dans le contrôle des marchés publics. La grande lessive des juges italiens baptisée « opération mains propres » nous réserve là-dessus un spectacle de qualité. Mais, expliquent François d'Aubert et Bertrand Gallet dans leur rapport, « certains redoutent que la mise en œuvre du marché unique européen et l'ouverture à l'ensemble des entreprises de la communauté des appels d'offres de marchés publics ne facilitent l'entrée, dans notre pays, d'entreprises dont les capitaux peuvent ne pas être totalement transparents ».

La commission d'Aubert a rencontré à diverses reprises, au cours de ses travaux, le cas du groupe Italimprese appartenant à la famille Rendo impliquée dans l'affaire dite des Cavaliers dell'Lavoro de Catane et cité dans l'acte d'accusation du procès de Palerme en 1985. Ce groupe a d'ores et déjà été attributaire de marchés sur le territoire français : Eurotunnel et Eurodisney. Certes, les entreprises du groupe ont été exonérées de tout soupçon de collusion mafieuse par le juge Russo en décembre 1991. Néanmoins, celui-ci a tout de même reconnu qu'elles avaient bien eu des relations d'affaires avec la Mafia, tout en indiquant qu'elles l'avaient fait en « état de nécessité ».

– Pour que la pénétration de la « pieuvre » réussisse, encore faut-il que le système politique du pays visé soit sensible à la corruption du pouvoir mafieux, précise le sociologue italien Pino Arlacchi. Il est inconcevable que la Mafia trouve en France le consensus politique ou électoral qui lui permette de prospérer comme en Sicile.

Prospérer en criminalité de « premier niveau », donc, non. Mais quelques tentacules sont lancés au travers de nos frontières. À Grenoble, on l'a vu. En témoigne également « l'intérêt » porté par la Camorra napolitaine aux casinos de la Côte d'Azur. Il existe trois méthodes pour blanchir de l'argent avec le jeu :

1. acheter des plaques avec des espèces, puis les changer, sans avoir joué, contre un chèque du

casino (aujourd'hui, cette méthode a beaucoup perdu de son attrait, les « casinotiers » devant enregistrer tout achat de plaques en espèces supérieur à dix mille francs) ;

2. « gagner » aux courses de chevaux ou de chiens par l'intermédiaire d'un bookmaker. Moyennant paiement d'une commission, le bookmaker inscrit de faux paris et témoigne de gains fictifs. Il est aussi possible d'acheter moyennant une modique redevance, tout se paie en ce bas monde, des billets gagnants de loterie ou du pari mutuel urbain ;

3. utiliser le mécanisme même du jeu. Ainsi, à de nombreux jeux de cartes de casino, l'un des joueurs remplit le rôle du banquier. La banque est statistiquement gagnante sur une longue période. Il suffit que des complices jouent assez longtemps des sommes d'argent à blanchir, et les perdent, pour que la banque, l'autre joueur complice, encaisse des gains justifiés par la comptabilité de l'établissement.

Mais il y a mieux encore. Témoin cet invraisemblable trafic de chèques italiens démantelé par la police des jeux... Traditionnellement, les casinos proches de la frontière réalisent une grande partie de leur chiffre d'affaires avec les joueurs italiens (il n'y a que quatre casinos en Italie). Les blanchisseurs avaient donc imaginé le système suivant :

– dans chaque casino, un changeur-passeur, de mèche avec les blanchisseurs, se faisait établir par les joueurs italiens des chèques à son ordre. En contrepartie, le casinotier remettait aux joueurs l'équivalent en plaques de jeu ;

– les chèques italiens pouvant être endossés, le changeur se rendait, dès le lendemain matin, en Suisse, déposait ces chèques, dûment endossés, sur un compte numéroté, retirait l'équivalent en liquide et passait, valise à la main, la frontière franco-suisse pour remettre les espèces au casino. Le casinotier, reconnaissant, payait alors une commission au changeur-passeur.

Bien sûr, le compte en Suisse était préalablement alimenté par de l'argent sale et les casinos français servaient ainsi (sans le savoir ?) de blanchisseries de luxe à des commanditaires qui n'ont jamais été inquiétés. Avantage secondaire pour ces derniers : en augmentant, grâce à des complices, le volume des chèques endossés, on gonflait le chiffre d'affaires du casino. Dès lors, en admettant (je suis mauvaise langue) que l'établissement concerné appartenait, via quelques sociétés écrans, à la Mafia, sa revente à une autre société pareillement contrôlée permettait de blanchir l'argent correspondant à cette augmentation du chiffre d'affaires.

Intéressant, n'est-ce pas ? C'est ce que se sont dit les camorristes qui ont mis sur pied une opération de captation du casino de Menton.

Mais comment évoquer la Côte d'Azur sans parler de Michele Zaza, paisible retraité en villégiature. Arrêté le 27 février 1989 au moment où il envisageait un séjour aux États-Unis, Zaza dit « O pazzo » (le dingue) n'a pu être condamné par la justice française que pour contrebande de cigarettes qu'il faisait transiter par Marseille et Le Havre.

Condamné à trois ans de prison ferme, il a été libéré le 15 novembre 1991. Placé en résidence surveillée à l'issue de sa peine, il coulait des jours tranquilles dans sa somptueuse villa de Villeneuve-Loubet (Alpes-Maritimes), entouré de l'affection des siens, de la vigilance de ses gardes du corps et de ses dizaines d'employés. C'était sans compter sur la nouvelle et fructueuse collaboration entre les polices française et italienne. Pensée de longue date, l'opération « Mer verte » visait à démanteler une escroquerie à grande échelle (quelque sept milliards de francs) menée au détriment de la Communauté européenne et de plusieurs banques italiennes. Au matin du 12 mai 1993, elle aboutit à l'arrestation de trente-neuf présumés camorristes, dont Michele Zaza.

Pour finir ce chapitre, on relèvera que l'épouse de Michele Zaza serait propriétaire à Los Angeles d'une villa qui abrite... le consulat de France! L'anecdote peut faire sourire, à moins d'y voir le signe d'une mauvaise circulation de l'information au sein de l'administration française...

Je résume et conclus : affreux, sales, riches et méchants, ils sont donc là, un peu en repli, presque en vacances. On les retrouve investissant dans les casinos, les golfs, l'immobilier (appartements, immeubles, participation à des tours de table destinés à financer des opérations montées par des promoteurs privés, tours de table faisant intervenir des collectivités publiques dans le cadre de sociétés d'économie mixte). Ils sont sur la Côte d'Azur, en Corse, dans l'Isère, dans le Centre et en Alsace (investissement hôtelier), et même dans le Finistère (achat de terrains). Une « odeur » de Mafia. Une odeur d'argent. C'est le nerf de « leur » guerre, c'est là qu'il faudra les frapper.

François d'Aubert avertit :

– Même si certains considèrent que, comme tout investissement, l'investissement mafieux présente un intérêt en termes économiques, on ne peut se dissimuler qu'il s'accompagne de la constitution de réseaux, de contacts, de complicités qui peuvent favoriser à terme des implantations plus profondes sur le territoire et devenir un danger pour la démocratie par la mise en place, dans sa phase ultime, de trafics d'influence et de prévarication.

Avertissement à terme qui induit une question immédiate : précisément, ici et maintenant, où en est notre démocratie ?

3. Au creux de l'État

Ce qu'il y a d'agréable à fréquenter Jean de Maillard, magistrat de son état et auteur, avec Serge Garde, d'un essai iconoclaste *Les beaux jours du crime*, c'est la tranquille assurance avec laquelle il vous expose des horreurs. Ancien inspecteur du travail, il a été juge d'instruction ; il est actuellement substitut. Il a quelque mal à supporter la hiérarchie judiciaire, laquelle le lui rend bien. Grand, un peu voûté, légèrement dégarni, lunettes à gros carreaux, style intellectuel et allure de *gentleman-farmer* (veste de tweed et pantalon de velours). Sa voix cassée, très caractéristique, m'avait frappé quand, pour la première fois, il m'avait appelé au téléphone, après le vote de la loi d'amnistie... Toute une histoire, n'est-ce pas ? Et une indignation commune.

Chaleureux et déterminé, il s'exprime, impavide autant qu'acerbe :

– Les beaux jours du crime sont devant nous parce que le crime est le reflet de notre société. Le reflet en négatif, bien sûr. Naguère préservée, *la France devient à son tour une société criminelle.* La zone franche corse, les ghettos des banlieues dures, la corruption politique, sont autant d'indices passés au rouge qui préparent le terrain d'une mutation décisive.

Question à Jean de Maillard :

– Quelle est la spécificité française ?

– Elle est en référence immédiate à la toute-puissance historique de l'État. En vérité, tout a basculé dans les années 80. L'envahissement de la drogue, la montée vertigineuse de la corruption, la multiplication des « affaires », l'exclusion sociale n'ont pas seulement bouleversé le paysage criminel : ils ont modifié les rapports visibles de la société avec la délinquance. Cette dernière, rejetée naguère dans l'anormal et la marginalité des populations mal intégrées, est devenue un élément banal, quotidien, de la crise sociale. On s'est aperçu que la criminalité n'était pas l'apanage des loubards de banlieue, mais qu'elle impliquait aussi des hommes politiques et des chefs d'entreprise, qu'elle était devenue permanente et *structurelle* dans une société moderne.

« Mais tout cela n'est encore perçu que de manière intuitive. Quels rapports entre Urba et Mantes-la-Jolie, entre la contamination des hémophiles et Cosa Nostra ? Aucun, pour qui continue d'observer les crimes et les criminels avec le regard obsolète qu'on porte, par tradition, sur la criminalité. Veut-on vraiment savoir et comprendre ce qui se passe, en France et dans le monde ? Il va falloir alors commencer par admettre que *chaque société produit la criminalité qu'elle mérite*, avec laquelle ensuite elle doit vivre. Ce n'est donc pas par hasard si les formes évoluées de la criminalité ont envahi nos sociétés.

« Où trouver le fil d'Ariane pour suivre les contours multiples et obscurs de la criminalité contemporaine ? Les instruments conceptuels existent, mais la France, néophyte dans le concert des nations fortement criminalisées, n'a pas encore eu le temps de les découvrir ni de les adapter à sa propre histoire. C'est pourquoi, peut-être, il est si facile à certains, dont la malignité trouve chez d'autres un écho imbécile, de désigner des juges ou notre procédure pénale comme responsables d'un désordre qui bouleverse jusqu'aux plus hautes sphères de l'État. Pourtant, les juges d'aujourd'hui, pas plus que ceux d'hier, ne cherchent de gloire sur les décombres de l'État ni de pouvoir sur les ruines des valeurs républicaines. »

Ouf ! On le voit, Jean de Maillard ne mâche pas ses mots, et c'est un plaisir de le laisser parler, puisque, en tout état de cause, ce n'est pas à moi, dessaisi de l'affaire Urba, accusé par l'ex-sous-ministre de la Justice Kiejman de « cambriolage judiciaire » puis « réhabilité » – oserais-je le mot ? – par la Cour de cassation, à prendre, sur un tel ton, avec une telle passion, la défense des magistrats « justiciers ».

Mais j'en reviens au basculement des années 80. À l'aube de cette décennie-là, le rôle central de l'État dans la société française ne laissait aucune place à la criminalité organisée. Vint le jour où cette dernière a proliféré à cause d'un déficit de l'État. Que l'État n'assure plus ses fonctions symboliques – notamment celles qui sont liées à l'intérêt général et à la solidarité sociale – et il se crée immanquablement entre les individus, ou plus exactement certains groupes d'individus, et l'expression collective qu'est l'État, un écart qui est occupé par la criminalité organisée. On l'observe en Corse où le statut concocté par Pierre Joxe n'a guère amélioré la situation [1]. On l'a vu en Bretagne et au Pays basque où des groupes autonomistes ont occupé le vide laissé un temps par les pouvoirs publics.

1. Avec quarante homicides volontaires, soixante dix-sept vols à main armée et trois cent quatre-vingts attentats pour la seule année 1992, la Corse bat tous les records de taux de criminalité en France. Un peu comme s'il y avait un meurtre, deux hold-up et dix attentats à la bombe dans Paris intra muros *chaque jour*.

En termes de mafia « classique », la criminalité s'organise *au creux de l'État* et non contre l'État.

Giovanni Falcone dans *Cosa Nostra, le juge et les hommes d'honneur* explique le phénomène. En Sicile, la structure de l'État a toujours été sensiblement déficitaire. Cosa Nostra a su combler cette carence à sa façon et à son profit, et son activité a pendant longtemps évité à la société sicilienne de se désagréger totalement.

Jadis, à l'époque héroïque, le mafieux allait voir le banquier pour arranger les affaires du paysan, rendait visite aux carabiniers pour régler quelque peccadille. Il fut un temps où « homme d'honneur » signifiait malgré tout quelque chose. La Sicile, terre d'invasions multiples et d'instabilité politique, a fait, selon Giovanni Falcone, « du clientélisme une règle de vie ». La pieuvre, tirant le meilleur parti de cette situation, vit ainsi en équilibre sur un réseau de protecteurs, de complices, d'informateurs, de débiteurs en tout genre, de personnes intimidées ou rançonnées : « Le voilà le terreau de Cosa Nostra, avec ce qu'il entraîne comme implications directes ou indirectes, conscientes ou inconscientes, volontaires ou obligatoires. Lesquelles peuvent rccevoir et reçoivent même très souvent le consentement *a posteriori* de la population. Ce consentement plus ou moins spontané ne doit toutefois pas faire oublier, poursuit Falcone, que la Mafia n'est pas une société de services qui opère en faveur de la collectivité, mais une société de secours mutuel qui ne déploie son activité – aux frais de la société – que pour le profit de ses seuls membres. Elle apparaît alors pour ce qu'elle est : une des plus grandes mystifications de l'histoire du Mezzogiorno. »

Mystification ! Terrible mot du juge Falcone : la Mafia, à la base, c'est un besoin populaire d'ordre, un besoin d'État. Quel paradoxe ! Lorsque l'État est faible – ou s'affaiblit –, il laisse place à des intermédiaires entre la société civile et lui. Au début, le phénomène n'est pas jugé dangereux, il présente même (apparemment) des avantages : fonctionnement minimal des institutions, maintien de l'ordre public, donc économie. Dans un premier temps, la Mafia est une anesthésie... Puis, la collusion entre pouvoir mafieux et pouvoir politique aboutit à une privatisation de l'État au profit d'organisations criminelles qui se gardent bien de le combattre de front, mais au contraire s'y adossent et le parasitent.

Il y a deux indices, deux symptômes majeurs qui montrent qu'une société est soit déjà investie soit en voie de l'être : la généralisation de la corruption, et la *segmentation sociale*. La France est malheureusement dans cette double situation. Pour ce qui est de la corruption, inutile d'y revenir, la démonstration a été faite, par ailleurs. Quant à la segmentation sociale elle se produit lorsque des groupes se replient sur eux-mêmes et que la communication entre les groupes d'individus ne passe plus par l'État mais par d'autres acteurs. C'est ce que l'on observe traditionnellement dans la société américaine et ce que l'on commence à éprouver en France dans les zones de non-droit, notamment en banlieue. *Là, les regroupements d'individus ne passent plus par l'État. On n'attend plus rien de lui. Il n'est plus le tuteur de la société, mais l'ennemi qui empêche le groupe de s'auto-constituer.*

Le Val-Fourré, Z.U.P. de Mantes-la-Jolie, Sartrouville, Chanteloup-les-Vignes, les Mureaux, les Ulis, Argenteuil, Meaux, Vénissieux et les Minguettes sont les théâtres du « malaise des banlieues ». Dans leurs rapports, au fil des émeutes, Renseignements généraux, police judiciaire et polices urbaines relèvent de façon unanime le développement d'une nouvelle criminalité. Particulière. Spécifique. Refermées sur elles-mêmes, ces cités sinistrées abritent, selon un rapport alarmant présenté le 2 juillet 1992 par le député socialiste Julien Dray, « une véritable économie souterraine fondée sur une logique mafieuse » et centrée sur le trafic de drogue.

Personne ne vient par hasard dans ces banlieues. Aucun touriste ne s'y aventure. « S'y rendre sans motif paraît suspect, surtout auprès des jeunes, raconte Jean-Loup Revérier [1]. Tout nouveau venu passe à leurs yeux pour un “ poulet ”. Avoir la trentaine et porter un jean, un blouson et des

1. Enquête sur les « Limiers de banlieue ». La B.R.E.C. (Brigade régionale d'enquête et de coordination). *Le Point*, 11 juillet 1992.

cheveux longs n'y change rien. Difficile de se promener au Val-Fourré ou sur la dalle d'Argenteuil sans se sentir épié, sinon suivi, par ces jeunes qui traînent, par bandes de quatre ou cinq, du matin au soir. Des gosses d'une douzaine d'années abordent carrément les nouvelles têtes pour connaître le motif de leur présence. Quelques aînés, soucieux de se livrer tranquillement à leurs divers trafics, les rétribuent jusqu'à cent cinquante francs par jour pour délaisser l'école et faire la " chouf ", c'est-à-dire pour surveiller les allées et venues, et signaler les importuns. Le gosse qui repère une voiture banalisée de " keuf " (policier en verlan) et relève son numéro peut toucher cent francs de prime pour son " tuyau ". Ces difficultés pour circuler librement le jour au cœur des cités les plus chaudes ne sont rien, cependant, en regard de la quasi-impossibilité de le faire la nuit.

« Les urbanistes et les architectes semblent s'être concertés pour compliquer la tâche des forces de sécurité. La dalle d'Argenteuil est un modèle du genre ! Pour épargner aux promeneurs les risques inhérents à la circulation automobile, elle forme une immense surface sur pilotis réservée aux piétons. En cas d'incident, la police doit s'y déplacer à pied. Avant même d'arriver sur place, ils sont donc repérés et, le cas échéant, accueillis par une pluie d'objets divers... »

Certains policiers qualifient de « caïdats » ces zones de non-droit où des groupes de délinquants développent une « culture » pré-mafieuse. Dès lors que ces groupes dominent un territoire, l'État en est chassé. Pour maintenir une sorte de contrôle, la grande tentation sera de traiter avec les intermédiaires du groupe. Choix crucial qui s'est déjà posé à d'autres démocraties. En Italie, il y a quarante ans, les hommes politiques ont cédé à la tentation et ont laissé le champ libre à ce qui est devenu... Cosa Nostra.

Adil Jazouli [1], sociologue et spécialiste des banlieues, a été l'un des premiers à dénoncer la montée de l'économie parallèle dans les cités. Il a enquêté en régions parisienne, lyonnaise, marseillaise et lilloise. Son constat est plus sombre encore que celui de Julien Dray : « La délinquance se massifie et se professionnalise, explique-t-il. Elle est organisée et structurée par de jeunes adultes âgés d'environ vingt-cinq ans, qui ont inauguré très tôt une carrière de délinquant. Le phénomène a pris une telle ampleur qu'il faut désormais parler d'économie centrale et non plus d'économie parallèle. L'argent des stups et des recels circule. Ce n'est pas de l'argent qui dort. Il fait vivre des familles entières. »

Chiffre d'affaires mensuel pour une « P.M.E. » spécialisée dans la drogue dure : un million de francs. Dans ce cas de figure, le réseau pourvoit en moyenne une cinquantaine d'héroïnomanes. Les convoyeurs s'alimentent à Paris ou à Amsterdam. Bénéfice par trafiquant : cinquante mille francs.

1. Auteur d'un rapport de synthèse : *Banlieues : les Nouvelles frontières intérieures*, Banlieuescopies, octobre 1992.

L'argent sale est réinvesti sur le modèle des grands circuits de blanchiment de la Mafia dans des secteurs économiques légaux : bistrots, garages, boutiques de prêt-à-porter...

« Ce type de logique où l'on parle d'investissements productifs générateurs d'emplois est extrêmement inquiétant, poursuit Adil Jazouli. Il n'est pas possible d'accepter cette dérive. Je ne veux pas jouer les Cassandre, mais il me semble que l'on a atteint un point très critique. Et, malheureusement, les pouvoirs publics n'ont pas pris la mesure de la gravité de la situation. »

Les réseaux longtemps confinés à quelques pâtés d'immeubles franchissent désormais les frontières des cités. Les bandes locales passent ainsi des alliances avec leurs « rivaux » pour se partager de nouveaux marchés, s'associent pour s'approvisionner à moindre coût.

– Si on laisse faire, nous risquons de connaître à notre tour une situation à l'américaine avec, dans une dizaine d'années, des émeutes de l'ampleur de celle de Los Angeles, prédit Émile Perez [1], secrétaire général du Syndicat des commissaires et des hauts fonctionnaires de la police nationale.

« Malgré un travail policier qui a montré, ces derniers mois notamment, une certaine efficacité de démantèlement des filières, observe Adil Jazouli, les réseaux se reconstituent aussi rapidement car la “ relève ” existe, désormais recrutée au sein d'une jeunesse qui a l'impression de n'avoir plus rien à perdre. Même la menace de condamnations lourdes

1. *Le Figaro*, 20 octobre 1992.

ne joue plus vraiment un rôle de repoussoir ou de dissuasion. Les conséquences engendrées par l'économie de la drogue nous paraissent aussi importantes que les problèmes de santé que pose la toxicomanie. Ne pas s'attaquer radicalement à ce problème est porteur, à notre sens, de graves dangers pour des villes et quartiers dont la dérive sera encore plus brutale et plus rapide. »

Tel est le danger de la « mafiosisation » (horrible néologisme !) des banlieues aujourd'hui saignées à blanc par les attaques des commissariats retranchés en fort Chabrol et l'incendie de centres sociaux ou plus généralement de toute structure identifiée comme représentant l'État. Le processus mafieux est ici à son commencement. Il est donc encore temps d'agir et de traiter le problème des banlieues de façon ferme (en faisant respecter le droit) et « socialement ouverte » (en repoussant les frontières de ces nouveaux ghettos).

IV

L'État meurtrier

1. La révolte des juges

Jeudi 8 avril 1993, Édouard Balladur, debout à la tribune de l'Assemblée nationale, devant les bronzes dorés du « perchoir », palmettes Empire et rameaux d'olivier, prend la parole pour sa déclaration de politique générale, modulée d'une voix retenue :

– Monsieur le président, mesdames et messieurs les députés, les Français l'ont décidé, voici que commence une nouvelle période de notre histoire. Inutile de rappeler les événements de ces dernières années. C'est justement parce qu'ils les avaient présents à l'esprit que les Français ont voulu changer de cap...

Ce même jour, *L'Événement du Jeudi* titre : « Le retour des années Pompidou », sous-titre « Balladur. Gauche en miettes. Hégémonie RPR. Les " modérés " au pouvoir... » et le dossier : « Ces juges qui ont terrassé la gauche..., que feront-ils avec la droite ? » Van Ruymbeke : le grand sacrificateur.

Murciano : Colombo sur la Côte d'Azur. Philippe Courroye : l'efficacité discrète contre les dérives des stars. Édith Boizette : une débutante s'attaque au sommet. Et votre serviteur : « l'irrésistible métamorphose d'un magistrat de gauche ». J'y suis décrit comme candide, un tantinet mythomane, et comme ayant pris fait et cause pour le R.P.R. !... Ou le degré zéro de la réflexion.

Autrement charpentée est l'analyse, dans le même journal, mais sous la plume de Guillaume Malaurie, de l'action des juges. « Pyromanes ou pompiers ces magistrats ? On leur prête un pouvoir immense. Mais si les récentes affaires n'avaient fait que pallier les défaillances chroniques de notre système de prévention de la corruption ?...

« Pour comprendre, il faut laisser de côté la thèse de la conspiration. Puis reconnaître que, voilà tout juste deux ans, il y a bien eu un séisme dans l'équilibre, ou plutôt le déséquilibre des pouvoirs. Disons une révolte brouillonne du tiers état judiciaire qui en a eu assez de passer pour le " bouffon " de la République et de vivoter sur un budget inférieur à celui des anciens combattants. Et les juges d'être tout à la fois perçus par les justiciables comme des magistrats " compétents " (77 %), mais aussi invariablement " dépendants des pouvoirs publics " (52,7 %) [1]. Bref, ras le bol d'être assimilés à de simples fonctionnaires quand on prétend par vocation à l'impartialité. Question de standing !... »

1. *Les Français et la Justice*, Credoc.

Passons sur le persiflage des trois derniers mots. Malaurie se trompe : la fracture ne s'est pas produite il y a deux ans au moment de l'affaire Urba mais un an auparavant, après le vote de la loi d'amnistie. C'est là que le corps judiciaire tout entier a commencé à se raidir. Pas de chance pour le P.S. – je reprends ici les termes de Malaurie –, la fronde qui vient de loin, très loin, éclate quand il est aux affaires. Et ce sont des petits juges, les petits-enfants de la gauche, qui mènent la guérilla...

Dans la foulée, la haute magistrature repousse le prie-Dieu qui lui était réservé dans la hiérarchie des honneurs depuis le premier Empire et glisse une fesse sur un vrai fauteuil. Ça n'a l'air de rien, mais c'est énorme. N'avait-on pas biffé de la Constitution le mot « pouvoir » judiciaire pour y substituer celui plus abstrait d'« autorité » !

Fierté retrouvée ? Corporatisme mal placé qui jette de l'huile sur le feu d'une démocratie malade de son argent ? Personne aujourd'hui ne glose plus sur le pourquoi de la révolte antimonarchique des magistrats des parlements qui préparèrent 1789. C'est, toutes proportions gardées, un peu la même histoire. En *soft*. Il faut que le pouvoir exécutif se paralyse très sérieusement et que les règles deviennent par trop floues – débat chaotique concernant l'amnistie sur le financement des partis ou le rôle de la Haute Cour – pour que les juges occupent le vide.

En réalité, pour brouillonne qu'elle soit, la révolte des juges vient de plus loin encore que ne le suppose Malaurie. La spécificité institutionnelle française qui revient à confondre, depuis trente-cinq ans au moins, l'État avec l'exécutif et l'exécutif avec le président de la République (le chef de l'État) a eu pour conséquence de ravaler les assemblées parlementaires et l'institution judiciaire au rang de faire-valoir du Prince et de ses ministres. En se révoltant ainsi, les juges ont peut-être permis à l'opinion de comprendre que la démocratie (la vraie, pas celle qui protège les affairistes) vit de ses contre-pouvoirs. La justice en est un. Il convient de lui permettre de fonctionner de manière sinon indépendante, du moins autonome. Bien sûr, les juges doivent d'abord le succès de leur révolution de palais à la formidable incurie de plusieurs gouvernements successifs, mais aussi à une opinion publique justement affolée par la perte de ce minimum d'éthique qui faisait passer, auparavant, cette trop grande concentration des pouvoirs. Comment en effet supporter sans broncher qu'un clan aux mœurs financières aussi douteuses confisque, comme il l'a fait, toutes les prérogatives liées à la puissance publique ?

Encore faut-il rappeler l'extraordinaire fragilité de la révolte. Combien étions-nous à nous battre ainsi ? Dix ? Vingt ? Trente ? J'exagère, nous étions quelques-uns, perdus parmi beaucoup d'autres qui nous ont laissés aller, avec sympathie souvent, colère quelquefois. Il faut dire que rien n'est simple en matière de justice.

Nous avons coutume de dire, sans sourire, que la magistrature cumule les désavantages de l'armée et du clergé. L'armée, pour l'uniforme et le goût du commandement, et le clergé, pour le secret et le décorum. Seulement, lorsque les juges ne peuvent plus ou ne veulent plus disjoncter, ils portent inévitablement l'incendie sur la place publique.

J'ai eu l'occasion dans *Bon appétit, messieurs* (pardon de me citer moi-même) de décrire la grande autonomie de décision des juges. Cette autonomie, incontestable, se double d'une structure hiérarchique aussi forte qu'informelle : nos « chefs » (ne leur dites pas que ce sont nos chefs, ils nous croient indépendants...) manient l'ambiguïté comme d'autres la casuistique ; et ils notent leurs subordonnés (c'est-à-dire nous, les magistrats de base) avec autant de soin que de componction. J'ai eu, trois ou quatre fois, la joie d'assister, pour ce qui me concernait, au douloureux exercice d'un magistrat en chef communiquant une notation. Le rite est toujours le même. Il s'agit de dire, chaque année, à l'intéressé ce que pense de lui sa hiérarchie, de lui indiquer où en est sa carrière et ce qu'il peut espérer, et au prix de quels efforts, tout en paraissant le considérer comme un égal.

L'entretien commence généralement par un sonore « Ah ! Bonjour, cher collègue » (ou « cher ami », c'est selon) ; suit l'énoncé des immenses mérites de l'impétrant, puis viennent les griefs, dont la formulation générique pourrait être la suivante : « Bien sûr, en admettant, mon cher collègue, qu'il faille vraiment chercher un domaine où vous pourriez encore vous améliorer... » Il est alors de bon ton que le subordonné s'abstienne de poser une question ou de faire une quelconque observation. Le rituel se termine, au soulagement général, dans un émouvant échange de remerciements. Le magistrat en chef remerciant le magistrat-de-base-qui-ne-va-peut-être-pas-le-rester (de base) de sa constante disponibilité et celui-ci remerciant celui-là de sa bienveillante compréhension.

Un autre grand moment de l'année hiérarchique est la période qui suit les fêtes de Noël. Il est en effet de tradition d'aller présenter ses vœux au premier président ou au procureur général selon que l'on appartient au siège ou au parquet. C'est l'occasion de reprendre contact avec son chef de cour et de discuter carrière. Nous appelons cela, bien peu élégamment : « le baisement des reliques » (compte tenu de l'âge, souvent considérable, des intéressés).

L'avancement et la carrière des magistrats dépendent donc, quasi exclusivement, de ces notations annuelles et des dossiers individuels qui ont été établis sur eux dans leurs tribunaux, dans les cours d'appel et à la chancellerie. Pour les magistrats à problèmes, les « incontrôlables », s'ajoute à cette longue théorie d'appréciations un « dossier bis » auquel l'intéressé ne peut avoir accès et où l'on classe soigneusement ce qui ne peut décemment l'être ailleurs.

Il y a une grande contradiction entre l'extrême autonomie du juge dans sa prise de décision et son absolue dépendance vis-à-vis de sa hiérarchie quant au reste de sa vie professionnelle. Il en résulte une tension interne non négligeable qui rend plus difficile encore l'exercice de ce métier. Les magistrats réduisent cette tension de trois façons : par la rébellion, par l'autoconformisme ou par un mélange des deux.

Le chemin le plus difficile est celui de la rébellion. Il requiert une énergie peu commune. Ceux qui le choisissent, environ 5 % du corps, refusent catégoriquement de jouer le jeu de la hiérarchie. Ils ont fait une croix sur leurs possibilités de carrière, ce qui leur procure une grande liberté d'esprit et surtout de parole. On trouve dans cette catégorie le pire et le meilleur.

La deuxième manière d'être des magistrats est l'autoconformisme. Ils ne font pas ce qu'on leur demande de faire (on ne leur demande rien) mais ce qu'ils imaginent qu'il est susceptible de leur être demandé. Fervents adeptes du système imbécile de notation des juges, ils forment la plus calamiteuse catégorie de magistrats. Ils représentent environ 15 % du corps.

Le marais, les 80 % restants, choisit une voie intermédiaire. Très critiques en paroles, ces magistrats semblent très jaloux de leur indépendance et très anticonformistes. Dans les faits, ils passent, souvent, pour peu qu'on prenne les formes pour le leur demander, sous toutes les fourches caudines dressées par leur hiérarchie.

L'indépendance, on le voit, n'est pas seulement externe et ne s'apprécie pas uniquement dans la constante immixtion de l'exécutif dans le judiciaire (avancement, carrière, dossiers classés, interventions diverses, etc.) mais aussi dans ces rapports pervers avec une hiérarchie aussi dure avec ses juges qu'elle est soumise, quand il le faut (et il le faut souvent) à plus haut qu'elle.

François Mitterrand, qui ne manque décidément pas d'humour, confiait entre les deux tours des législatives : « Certains juges aiment à être serviles, mais plutôt à droite. » Comme si les magistrats auxquels on impute la chute de la gauche n'étaient pas des hommes de justice, mais les vils exécuteurs d'un contrat. J'avoue ne pas savoir à qui le chef de l'État a offert cette perle : à Georges Kiejman, tirant son caddie au golf du lundi matin ? À Henri Nallet, trésorier de la campagne présidentielle de 1988 ? À Michel Vauzelle, de retour de promenade en hélicoptère, ou à maître Roland Dumas monté, telle sœur Anne, à la plus haute tour du Château pour voir si la Justice était toujours « sortie de son lit » ? Quoi qu'il en soit, les chiffres demeurent inhérents au caractère humain : 5 % de rebelles [1], 15 % de conformistes, 80 % dans le marais.

Gauche-droite, le combat ne se situe pas dans l'étroitesse des bornes politiques, il est global : il faut éradiquer la corruption de notre vie publique. Les Français, par voie électorale, ont terrassé la gauche. Pas les juges. À Milan, Di Pietro, visant autant les socialistes que la démocratie chrétienne, le dit :

1. L'air de la rébellion semble faire naître des vocations : depuis deux ans, le nombre des candidats présentant le concours d'entrée à l'École nationale de la magistrature a augmenté de 25 % !

– La question morale ne peut être bien sûr assumée par les seuls magistrats. Aux politiques de prendre les mesures qui leur reviennent.

– Oui, enchaîne l'ami Jean de Maillard, ce message-là vaut pour la France. Rien dans notre pays ne se fait sans que l'État sinon le veuille, du moins l'accepte. La société n'aurait pas pu se criminaliser si le poisson n'avait pourri par la tête. La gauche portera ce stigmate parce que c'est sous son pouvoir que ces phénomènes sont apparus. Si l'on veut rester objectif, il faut reconnaître en cette crise de l'État un phénomène universel – de même que les phénomènes de segmentation sociale apparaissent partout, dans l'ex-U.R.S.S., aux États-Unis, en Italie, en Allemagne. Ce double mouvement d'affaiblissement de l'État et de repli des groupes sociaux dépasse largement la France. Mais ce que l'on pourra reprocher historiquement à la gauche, c'est justement de ne les avoir pas endigués alors que son programme moral et politique tendait à cela. Nous sommes en 1788...

Cette remontée du temps exprimée par Jean de Maillard nous place aujourd'hui en abîme de vertige au-dessus d'un système établi depuis deux siècles, qui vit une crise profonde. Notre économie demeure dépendante pour une grande part de l'action de l'État et du comportement des élites politiques et administratives. Que l'État soit corrompu – sans que toutes ses composantes, loin s'en faut, le soient – et il n'aura plus la capacité d'exprimer les règles nécessaires à l'ensemble des acteurs économiques et sociaux ni *a fortiori* de les faire respecter. Un chef d'entreprise qui a dû verser des bakchichs au président du Conseil général, au président du Conseil régional aura toute latitude de s'engager plus avant sur le chemin de l'illégalité, au nom du « je te tiens, tu me tiens par la barbichette ». Criminalisation de l'État, criminalisation de la société. L'un se transfusant à l'autre, et vice versa. Triste bouillon de culture.

Le comble de la perversion a certainement été atteint lorsque de parfaites gens sur le plan individuel ont cru pouvoir se livrer à des comportements répréhensibles pénalement. « Ils travaillaient pour le parti ! » Ces gens-là, une fois saisis au collet, ont placé leur main sur le cœur, jurant ne s'être pas enrichis eux-mêmes, persuadés, en toute simplesse d'esprit, d'avoir contribué à la bonne marche de la démocratie. C'est un fait, ils contribuaient à sa bonne marche, comme le font les souteneurs en faisant déambuler une femme avilie sur un trottoir. À partir du moment où on détourne, où on gauchit le fonctionnement d'une société, que l'argent atterrisse dans une poche ou dans la caisse du « parti » revient au même. Cette dégénérescence des années 80 doit par ailleurs être replacée dans le contexte de l'histoire de la Ve République. À mesure que l'État s'est affaibli, le pouvoir qui était à la fois sacerdoce et jouissance (il ne faut pas négliger cet aspect sensuel de la puissance) s'est réduit à un simple moyen d'obtenir de l'argent. À la haute époque gaullienne, énarques et hommes politiques avaient plus de satisfaction à exercer le pouvoir qu'à profiter de tous les avantages financiers qu'ils auraient pu en retirer. (Loin de moi l'idée d'une ère édénique exempte de tout scandale, il y en eut de retentissants mais isolés [1]). Aujourd'hui, dans la logique de couple pouvoir-argent, on assiste à une inversion des valeurs. L'argent prime le pouvoir, ce qui devrait être le corollaire devient le primat. D'où, paradoxal jeu de mots, la « démonétisation », la dévaluation du pouvoir dans les mœurs de ceux qui l'exercent. « Qu'est-ce que la corruption, explique Yves Mény [2], sinon un échange plus ou moins clandestin qui permet d'obtenir des avantages que l'application des règles en vigueur n'aurait pas permis d'avoir ? »

La génération socialiste nous a offert le spectacle d'un ministre en exercice, Christian Nucci, inculpé pour une affaire de détournement de fonds publics. L'État, qui fut aux yeux des républicains le dieu de la société française, bascule dans la ruelle. L'État couche avec la cuisinière ! Et pour faire « ça », bien sûr, il est nu...

Le 8 avril 1992 – un an jour pour jour avant l'intervention d'Édouard Balladur –, Pierre Bérégovoy, lors de sa déclaration de politique générale,

1. « L'immobilier, c'est nécessaire, mais c'est mal fréquenté » avait coutume de dire Georges Pompidou du temps où il exerçait dans la banque avant de servir l'État.

2. Professeur à Sciences-Po et auteur de *La corruption de la République*, Fayard, 1992.

invitait à un grand nettoyage national. Six mois plus tard, mi-octobre, les députés adoptaient un projet de loi « relatif à la prévention de la corruption et à la transparence de la vie économique et des procédures publiques ». Vote d'urgence en trois séances.

Jusqu'aux législatives de mars 1993, le temps a passé, avec, pour reprendre un cliché journalistico-littéraire, une allure de « chronique de défaite annoncée » : les scandales ont rejoint les gouvernements de l'époque.

2. La transmission administrative du crime [1]

Oui, elle est convaincante l'analyse de Guillaume Malaurie sur l'action des juges, évoquée précédemment. L'auteur y « flingue » bien un peu les « shérifs », mais non sans panache : « Incapable de prévenir et de corriger ses turpitudes au quotidien, la France préfère les fiers justiciers et quelques grands procès d'exception. Une fois de temps en temps pour éponger sa bile. Les magistrats cogneurs de la gauche nous disent aujourd'hui avoir la droite à l'œil. Tant mieux! Mais que valent les rares exorcismes judiciaires façon péplum quand nos innombrables contre-pouvoirs garde-fous vivotent en série B ? »

Bonne question formulée en termes suffisamment vifs, acerbes, pour qu'en pacifique vengeance

1. En amicale référence au livre de Michel Massenet : *La transmission administrative du sida*, Albin Michel, 1992.

je pille et je détourne ce discours : nous ne sommes pas seulement englués dans la corruption, nous souffrons d'un déficit chronique de prévention en amont des tribunaux. Nos mécanismes d'alerte, d'inspection ou de contrôle sont faibles, malades et quelquefois pervertis. Du coup, les affaires incubent lentement... pour exploser à retardement sur les bureaux des magistrats instructeurs.

C'est exactement le scénario qui a abouti, après de longues années d'étouffements en tout genre, à la destitution du député-maire d'Angoulême. Le vrai scandale ? Jamais le contrôle de légalité du préfet n'avait dénoncé la moindre pratique de corruption. Du luxe des voitures de monsieur le maire aux comptes pharaoniques des associations municipales, tout aurait dû attirer l'immédiate sanction. Eh bien, non ! À tel point que le successeur de Boucheron à Angoulême, Georges Chavannes, a dû par la suite se retourner contre l'État. Idem pour l'ex-maire de Nice, Jacques Médecin, qui a pu, des années durant, faire profiter les membres de son clan des largesses de sa ville sans qu'aucun y trouve à redire. Et c'est loin d'être une défaillance isolée : en 1989, les préfets saisissaient déjà deux fois moins les tribunaux administratifs qu'en 1985 ! Le nombre de saisines des cours régionales des comptes par ces mêmes préfets passait à la même époque de 1 462 à 645 [1].

– Que signifie le contrepoids de l'administration d'État lorsque les hauts fonctionnaires de terrain,

1. *Décentralisation, l'âge de raison*, La Documentation française.

nommés pour deux ou trois ans, ont, face à eux, des parlementaires ou des ministres, notables puissants et quasi inamovibles ? interroge Yves Mény.

Quoi qu'il en soit, déficit administratif, paralysie structurelle ou prudents traînages de pieds, dès lors que le droit ou la morale sont bafoués, on aboutit au même résultat : le secret. En langage mafieux, le secret, c'est l'*omerta*, dont la plus savoureuse définition, donnée par un « homme d'honneur », est celle-ci : « Lorsqu'on pose une question à quelqu'un, c'est pour savoir ce qu'il n'a pas dit, et s'il ne l'a pas dit c'est qu'il ne voulait pas le dire, alors poser la question n'a aucun sens ! »

De fait, bien peu posent des questions aux princes. Ainsi l'affaire Péchiney, où il a fallu que les Américains montrent les dents pour que le dossier avance. La trouble série rose de l'affaire Doucé. Et enfin, le macabre feuilleton de « l'affaire du sang » où la D.G.S. (Direction générale de la santé) a laissé se dérouler le drame programmé par le C.N.T.S. (Centre national de transfusion sanguine).

Quelques dates essentielles sur cette *affaire financière*, symbolique entre toutes, qui deviendra, au fil du temps, une tragédie de nuit et de brouillard :

Juin 1981 : premier diagnostic du sida aux États-Unis.

Février 1983 : découverte du virus par l'équipe du professeur Luc Montagnier.

Juin 1983 : une circulaire du directeur général

de la santé, Jacques Roux, préconise d'exclure de la préparation des produits coagulants le sang des catégories à risques, notamment les homosexuels et les toxicomanes.

Décembre 1983 : des familles d'hémophiles reçoivent des convocations « Monsieur, madame, nous pratiquons actuellement chez tous les hémophiles un dépistage de signes cliniques du sida... » Pendant ce temps, aux Ulis, dans la région parisienne, « en prévision de l'année 1984, le Centre national astique ses appareils flambant neufs. Grâce à l'effort général de ses collecteurs, et pour limiter au maximum les importations étrangères, il prévoit de tripler sa production de concentrés, mélangeant dans ses grandes cuves des milliers de plasmas différents alors que l'épidémie flambe déjà à Paris. La politique transfusionnelle en matière de sida va devenir celle de l'absurde, de l'aveuglement et bientôt du secret [1] ».

Mars 1984 : on relève au C.N.T.S. aux Ulis « une forte incidence » de réponses positives au virus du sida parmi 133 hémophiles testés.

Octobre 1984 : le conseil médical et scientifique de la Fédération internationale de l'hémophilie recommande instamment aux médecins, traitant des personnes qui ont utilisé ou utilisent toujours des concentrés, de n'administrer que des produits chauffés, « la preuve de leur protection vis-à-vis du virus du sida » étant « d'ores et déjà considérée comme acquise ».

1. Anne-Marie Casteret, *L'affaire du sang*, La Découverte, 1992.

Décembre 1984 : une étude comparative conduite depuis avril par le docteur Allain, directeur de la production au C.N.T.S., démontre que les hémophiles traités avec des produits chauffés restent séronégatifs.

16 janvier 1985 : le docteur Allain met en garde formellement le docteur Michel Garretta, directeur du C.N.T.S., et le professeur Ruffié, président du Conseil d'administration : 47 % des hémophiles français sont, en 1983-1984, séropositifs.

12 mars 1985 : à l'issue d'une enquête menée à l'hôpital Cochin, l'épidémiologiste Jean-Baptiste Brunet écrit au directeur général de la santé, le professeur Roux, pour lui signifier la contamination probable de tous les produits sanguins préparés à partir de pools de donneurs parisiens. Le professeur Roux appose un simple « vu » en marge du document et transmet au cabinet d'Edmond Hervé, secrétaire d'État à la Santé. Un simple « vu »!... alors qu'il est évident que la mort est là, présente « en stock »...

Avril 1985 : congrès sur le sida à Atlanta confirmant les conclusions de la rencontre internationale de Munich de juillet 1984 : l'efficacité du chauffage est reconnue au niveau mondial. Cela signifie que depuis des mois tous les spécialistes de la planète travaillent sur ce sujet. Qu'ils sont tous d'accord pour une proclamation internationale que donc, dans chaque laboratoire, on sait que la mort rôde. Mais alors qu'attendent-ils, nos pourvoyeurs de sang qui ont « vu » et transmis au ministère ?

9 mai 1985 : Michel Garretta envoie une lettre à

la D.G.S. : « Conscients que trois mois de retard signifient à terme la mort de cinq à dix hémophiles et d'un certain nombre de leurs proches, l'équipe de direction du C.N.T.S. estime que c'est maintenant une urgence absolue d'interrompre la propagation de cette contamination. » Voilà donc le risque clairement affirmé par Garretta lui-même. Pourtant, deux jours plus tôt, dans le compte rendu interne au C.N.T.S. rédigé par Gérard Jacquin, directeur bio-industriel, apparaissent en phrases atroces les véritables intentions : « Toute la stratégie repose sur un basculement à 100 %, à une date donnée, de la totalité de la distribution, donc de la production, en produits chauffés. *Ceci suppose naturellement que le stock de produits " contaminants " soit distribué dans sa totalité avant de proposer les produits chauffés de substitution.* » Quant aux autres produits sanguins, tout aussi contaminés que les concentrés, le C.N.T.S. envisage de les « vendre à l'export ou sur le marché français (avec rabais) ». Oui, parfaitement, au rabais, à la casse, pour s'en débarrasser au plus vite. L'argent-roi !

Évoquer dans sa lettre du 9 mai « l'urgence absolue » après quatorze mois de silence, en préparant en sous-main la liquidation des stocks est pour le moins contradictoire, mais ça n'est pas fini.

3 juin 1985 : Michel Garretta envoie à Robert Netter (Laboratoire national de la santé) un compte rendu de la réunion du 29 mai au cours de laquelle la direction du C.N.T.S. constate : « Tous nos lots sont contaminés [...] C'est aux autorités de tutelle de prendre leurs responsabilités sur ce grave

problème et d'éventuellement nous interdire de céder ces produits, avec les conséquences financières que cela représente. »

Que fait le docteur Netter ? Il hausse (moralement) les épaules : « Garretta m'inondait de courrier pour se couvrir. Il devait prendre ses responsabilités de fabricant. Mon rôle était strictement consultatif. J'ai donc écrit immédiatement à Roux (directeur général de la Santé) pour lui demander d'exposer la situation à la prochaine commission consultative de la transfusion sanguine [1]... »

La lettre de Netter ne sera expédiée à la D.G.S. que... le 14 juin. Durant ces onze jours de battement, combien de transfusions empoisonnées ?

20 juin 1985 : recommandation de la Commission consultative de la transfusion sanguine jusqu'au 1er octobre :

« Cession des produits non activés aux hémophiles séropositifs et des produits traités aux hémophiles vierges et séronégatifs. » Traduisons : le poison potentiel aux sursitaires et aux déjà malades (on connaît pourtant déjà les dangers de la surcontamination)... un peu plus tôt, un peu plus tard... Et les produits sains aux gens sains.

26 juin 1985 : note de Michel Garretta à ses subordonnés : « La distribution de produits non chauffés reste la procédure normale tant qu'ils sont en stock. En cas de demande spécifique, en particulier de receveurs ayant une sérologie anti-LAV négative (non contaminés), la distribution de

1. Raconté par Anne-Marie Casteret *(op. cit.)*

produits chauffés est autorisée. » Oui, vous avez bien lu : *« autorisée »*...

23 juillet 1985 : arrêté ministériel fixant au 1er octobre 1985 la date limite de remboursement des concentrés de facteurs VIII [1] et IX non chauffés.

1er août 1985 : généralisation du dépistage systématique du virus du sida lors des dons de sang.

24 avril 1991 : *L'Événement du Jeudi* révèle « le scandale du sang contaminé ».

Juin 1991 : inculpation des docteurs Garretta, Roux et Netter. Celle du docteur Allain interviendra le mois suivant.

22 juin 1992 : ouverture du « procès du sang ».

22 octobre 1992 : le jugement. Michel Garretta : quatre ans de prison ferme et cinq cent mille francs d'amende. Jean-Pierre Allain : quatre ans dont deux avec sursis. Jacques Roux : quatre ans de prison avec sursis. Robert Netter : relaxe. Le parquet a fait appel.

Nouveau jugement, le 13 juillet 1993.

Peine confirmée pour Michel Garretta. Les magistrats ont qualifié de gravissimes les faits reprochés à l'ancien directeur du C.N.T.S. Incarcéré depuis le 20 octobre 1992 à la prison de la Santé, il ne peut espérer bénéficier d'une libération conditionnelle avant 1995. Son avocat, maître Charvet, dont le principal souci était d'éviter les

1. Substance extraite du plasma, indispensable à la coagulation et dont les hémophiles sont dépourvus. Pour l'obtenir, on mélange des milliers de poches de plasma.

assises, n'a pas caché ses réserves sur l'utilité d'un recours en cassation.

Peine confirmée pour Jean-Pierre Allain.

Peine allégée pour Jacques Roux : trois ans avec sursis.

Robert Netter, en revanche, se voit infliger un an de prison avec sursis.

Du côté des parties civiles, on se pourvoit en cassation : « C'est une affaire criminelle, déclare l'un des avocats. Tant que les médecins n'iront pas aux assises et les politiques devant la Haute-Cour, nous continuerons le combat ».

La cour d'appel, quant à elle, a estimé que la qualification criminelle d'*empoisonnement* ne pouvait être juridiquement retenue faute d'une intention homicide et d'un lien direct entre l'auteur et la victime. La cour a envisagé l'empoisonnement. Mais il existe d'autres vocables : « coups mortels », par exemple...

Dira-t-on jamais la souffrance des hémophiles et de leur famille, non pas la souffrance face à la maladie et à la mort, elle est inexprimable, mais la rage et l'impuissance, durant des années, devant l'injustice ? Les portes closes, les oreilles distraites et les atermoiements des élus et des hauts fonctionnaires tant du côté socialiste, bien sûr, que de la première cohabitation qui, dans l'horreur pressentie, ne pouvait non plus réprimer un frisson de gêne.

– Tout le monde se fout des hémophiles,

proclame Jean Garvanoff qui a créé l'association des polytransfusés. Nous sommes un petit nombre socialement peu reconnus, médicalement gênants, électoralement inintéressants. J'ai beau écrire à tous, ils ne répondent même pas, ou jettent quelques phrases banales sur un bout de papier.

Évidemment, tant qu'il n'y a pas de preuves...

Les preuves, sur instruction du juge Sabine Foulon, chargée d'instruire la plainte au pénal de Jean Garvanoff, d'Edmond-Luc Henry et des autres hémophiles, le colonel de gendarmerie Recordon se charge de les collecter, d'en faire un faisceau puis une flèche acérée dont la première cible est Michel Garretta. Or – hasard du calendrier ? –, en 1989, le chef de l'État décide *à titre exceptionnel*, sur sa réserve personnelle de croix, de décerner la Légion d'honneur à Michel Garretta. Celui-ci la portera en giclée de sang vermeil, sur le revers de son costume pendant le procès.

En octobre 1991, le professeur Willy Rozenbaum, qui, dès février 1982, s'est mobilisé pour prévenir les risques de transmission du sida par le sang, s'est étonné en constatant que dans une affaire majeure, ponctuée de décisions étatiques, aucun responsable politique n'ait été inculpé.

– Il existe une responsabilité politique qu'on ne peut écarter. Il serait hypocrite de ne pas l'évoquer.

De fait, le professeur Rozenbaum est en avance sur l'histoire : les ministres relèvent de la Haute Cour. Alors avant d'en arriver à de telles extrémités, « nos ministres intègres » se placent pour se défendre sur le terrain de l'éthique.

– L'éthique, observe Michel Massenet [1], membre du Conseil d'État, est aujourd'hui le paravent commode de l'immoralité d'État ; à chaque manquement de nos gouvernements correspond la création d'un comité d'éthique chargé d'examiner leurs erreurs avec une hauteur de vue telle qu'elles en deviennent négligeables.

Michel Garretta invente-t-il la formule utilisée le 24 octobre 1991 par son avocat « responsable mais pas coupable » ? Georgina Dufoix, le 3 novembre, interviewée par Anne Sinclair, se sent, quant à elle, « profondément responsable mais pas coupable », on appréciera la nuance. « Profondément ». À cela se marque la dimension supérieure de sa conscience et de sa réflexion.

– Mais, reprend Michel Massenet, ne nous laissons pas prendre au piège de ce slogan trompeur. Il ne s'agit que d'un sophisme de plus inventé par des individus soudain alertés par la force avec laquelle vient les heurter le blâme public. Pour le docteur Garretta comme pour Georgina Dufoix, la responsabilité n'est qu'une source unilatérale de droits et de privilèges, mais pas d'obligations.

Voyons la hiérarchie : Mme Georgina Dufoix, ministre des Affaires sociales et de la Solidarité nationale. M. Edmond Hervé, secrétaire d'État auprès du ministre des Affaires sociales et de la

1. Michel Massenet *(op. cit.)*

Solidarité nationale, chargé de la Santé. Se rend-on compte de la densité, de l'ampleur, du poids de ce mot : *chargé* de la Santé ?

La culpabilité, c'est toujours celle des autres. Garretta évoque la coresponsabilité de ses compagnons qui n'ont pas protesté contre ses décisions meurtrières. Georgina Dufoix, « profonde » conscience, s'est défaussée et tente elle aussi de faire endosser à son subordonné immédiat ce qui lui revenait au plus haut titre, en souveraine autorité : « pour l'ensemble des problèmes de santé, c'est Edmond Hervé qui les traitait, puisque c'était sa responsabilité... » Oui... auprès du ministre de tutelle.

– Georgina Dufoix n'était pas une spécialiste, conclut Michel Massenet. C'est le cas de tous les ministres. Le rôle d'un ministre est de s'informer, de comprendre, de décider, non de porter un vain titre. Les spécialistes ne manquaient pas autour d'elle. Les connaissances qu'ils avaient diffusées et les avertissements qu'ils avaient prodigués étaient publics. Cette constatation accable les responsables de l'époque.

Parlons clair, ne jouons plus sur les mots. Au moment d'un verdict de cour d'assises, les jurés tranchent la question de la culpabilité ou de l'innocence, pas celle de la responsabilité. Viennent ensuite les éventuelles circonstances atténuantes.

Le 9 avril 1993, en marge du procès du sang et du débat sur la Haute Cour, le Conseil d'État a rendu une décision relative à l'indemnisation de trois hémophiles contaminés. Estimant que l'État a gravement failli à sa mission de police sanitaire, il a décidé de faire remonter au 22 novembre 1984 les premiers faits générateurs de responsabilité. L'administration avait le devoir de réagir, elle ne l'a pas fait, donc « la responsabilité de l'État est intégralement engagée à l'égard des personnes contaminées [...] à la suite d'une transfusion de produits sanguins non chauffés ».

C.Q.F.D.

Ils avaient le devoir de réagir, et ils ne l'ont pas fait. Ils avaient le devoir absolu de dire non, et ils ne l'ont pas dit. Dans l'affaire du sang, un bien curieux mécanisme s'est mis en branle, une sorte de soumission aveugle à ce qui représentait apparemment l'autorité : presque tous les acteurs de la transfusion sanguine française se sont conduits comme des écoliers sous la férule de leur maître, Michel Garretta.

Et le mécanisme à l'œuvre ici est le même, dans son principe, et dans son principe seulement, que celui qui a poussé quelques dizaines de militaires américains à obéir à l'ordre barbare de massacrer femmes et enfants à My Lai, ou celui qui a conduit civils et soldats allemands à contribuer à la mise en place de la solution finale pour des millions de juifs...

... Au capitaine israélien qui l'interrogeait sur le « salut du peuple allemand qui devait passer par l'extermination des juifs », le criminel de guerre nazi Adolf Eichmann [1] répondait :

– Mon capitaine, on ne se livrait absolument pas à ce genre de considération. Il y avait des ordres et on agissait en conséquence. Lorsque je reçois un ordre, je n'ai pas à porter un jugement sur lui. Et lorsque je donne un ordre, il ne m'est pas non plus permis de le motiver. Je reçois un ordre et je n'ai qu'à obéir.

– Mais pas lorsqu'il saute aux yeux qu'il s'agit d'un acte illégal !

– Vous avez dit illégal, mon capitaine ?... Si, avant la fin de la guerre on m'avait interrogé à ce propos, j'aurais dit : c'est un gouvernement qui... euh... euh... que la majorité du peuple allemand a choisi, tous les euh... euh... pays cultivés du monde y ont leurs missions diplomatiques... Pourquoi le petit homme que je suis devrait-il se mettre martel en tête ?

Bien sûr, Garretta n'est pas Eichmann et le C.N.T.S. n'est pas My Lai, mais le processus est le même et il est très inquiétant de le retrouver à l'œuvre dans une démocratie de la fin du siècle.

L'ex-docteur Garretta, à l'évidence, est bien commode à sacrifier : non seulement il porte une responsabilité écrasante dans l'affaire du sang, mais, de plus, il a bénéficié de tant d'avantages financiers liés à son curieux commerce qu'il est facile de le clouer au pilori. Mais les autres ? Ceux

1. En mai 1960, les services secrets israéliens enlevaient Eichmann en Argentine. Deux ans plus tard, au terme d'un procès qui retint l'attention du monde entier, il était pendu à Jérusalem.

qui, à droite et à gauche, l'ont aidé, félicité, accompagné ? Et tous ceux, médecins ou hauts fonctionnaires, qui ont laissé faire, refusant de se poser la moindre question et évitant ainsi de se heurter à l'autorité hiérarchique qu'il incarnait ?

C'est Stanley Milgram, professeur de psychologie sociale à l'université de New York, qui a, le premier, recherché le mécanisme psychologique qui menait à de tels comportements de soumission à l'autorité, fût-elle manifestement illégitime.

Il a fait effectuer entre 1950 et 1963 une série d'expériences en laboratoire afin d'analyser les processus d'obéissance et de désobéissance. Ces expériences sont toutes des variantes d'un même modèle.

Le principe est celui-ci : recruter par le biais d'une petite annonce une personne qui accepte d'être « l'assistant » bénévole d'un professeur. Une fois recruté, « l'assistant » a droit à une blouse blanche et c'est lui qui, sur les ordres du professeur, va mener à bien une très curieuse expérience. « Vous allez, lui explique-t-on, tester la mémoire d'un élève à qui on a soumis une liste de mots couplés qu'il a appris par cœur. Exemple : " ciel bleu ", " jour frais ", " canard sauvage ". Ainsi, lorsque vous lui lirez la séquence : bleu, compteur, ruban, ciel, yeux, devra-t-il vous répondre sans faute : " ciel bleu ". S'il se trompe, vous lui infligerez une petite décharge électrique pour l'obliger à se concentrer, mais aussi pour le punir. Plus il se trompera, plus fortes seront les décharges. Aussi a-t-il tout intérêt à ne pas commettre d'erreur et à être un bon élève. »

Bien évidemment, l'élève sanglé sur une chaise électrique est un acteur professionnel complice du professeur, et aucun courant ne circule dans les électrodes. Mais cela, « l'assistant » volontaire ne le sait pas. Il ignore que l'expérience ne porte nullement sur la flexibilité de la mémoire de l'homme attaché à la chaise électrique, mais bien sur sa soumission à l'autorité, à lui l'assistant, qui doit envoyer les impulsions électriques sur l'ordre du professeur.

« L'obéissance, dit Milgram, est le mécanisme psychologique qui intègre l'action individuelle au dessein politique, le ciment naturel qui lie les hommes aux systèmes d'autorité. »

Devant l'assistant, un grand tableau de commande comprend trente manettes avec chacune une indication de voltage différente, s'échelonnant de quinze à quatre cent cinquante volts. Au-dessus de chaque groupe de quatre manettes, et par ordre croissant, figure une de ces mentions : choc léger, choc modéré, choc fort, choc très fort, choc intense, choc extrêmement intense, *attention choc dangereux*... Les deux manettes suivantes sont surmontées de trois croix, sans mention particulière. Pour parfaire l'illusion, l'abaissement de chaque levier s'accompagne d'un bourdonnement, d'un éclair bleuté et de divers déclics. Quant aux poignets de l'élève, ils sont enduits par l' « assistant » lui-même d'une pommade destinée, « malgré la douleur infligée par des chocs violents, à éviter les brûlures... » La question est de connaître le seuil de tolérance du bourreau. Quand va-t-il lever les pouces en refusant d'aller plus loin ?

Les résultats des expériences de Milgram sont accablants. Un « assistant » de trente-sept ans, ouvrier soudeur, dit à l'élève avant de lui infliger 330 volts : « Vous feriez mieux de répondre et que ça finisse. On va pas rester là toute la nuit. » Interviewé plus tard, il confie : « La seule fois où j'ai été... je dirais pas nerveux mais plutôt *dégoûté*, c'est quand il n'a pas voulu répondre... »

Un « assistant » enseignant en théologie commence par reculer sa chaise de façon à pouvoir regarder l'élève tout en lui envoyant les chocs. Il lit les couples de mots en articulant avec une précision appuyée et prend un ton de voix cérémonieux pour dire « juste ». À chaque erreur, il marque sa vive réprobation. Quand il administre la charge correspondante, il plisse les lèvres dans une grimace qui découvre ses dents. Un souci de perfectionnisme absolu l'anime. En franchissant les 150 volts, il hésite. Le professeur l'invite à poursuivre. « Vous n'avez pas le choix, monsieur, vous devez continuer. » Réponse vibrante de l'assistant : « Vous avez sûrement réfléchi à l'éthique de vos recherches... Si cet homme (l'élève) ne veut pas continuer, c'est à lui que j'obéirai. »

Commentaire de Milgram : « À noter le mot *éthique* qui lui est venu spontanément aux lèvres et qu'il a prononcé d'un ton docte, comme s'il avait été dans sa chaire de professeur de théologie... On remarquera qu'il a immédiatement justifié son refus de poursuivre l'expérience non en invoquant son droit à la désobéissance, mais en déclarant qu'il se soumettrait désormais aux injonctions de la victime... En refusant de continuer, il ne désobéit pas, il se soumet simplement aux ordres d'une autre personne. »

Bilan chiffré de ces expériences opérées sur des hommes et des femmes de tous âges, issus de toutes les couches de la société ? 30 % d'assistants obéissent jusqu'au bout (chocs dangereux de 375 à 450 volts) au contact direct avec la victime. Et 65 % obéissent jusqu'au bout lorsqu'ils sont séparés par une vitre et ne peuvent entendre que les coups de détresse frappés par la victime sur la vitre. (Le début des coups se situant aux alentours de 300 volts.) Commentaire de Milgram : « Nous avons constaté alors que beaucoup d'entre eux évitaient de regarder et détournaient ostensiblement la tête avec une expression de malaise. L'un d'eux nous avait expliqué : “ Je ne voulais pas voir les conséquences de ce que je faisais. ” »

V

Reprendre le glaive

1. *Si vis pacem...*

Après ce voyage en enfer, il est temps de revenir aux schémas classiques, et mondiaux, de l'argent du crime organisé. Il est fort difficile d'en estimer le montant total, par année, bien peu d'économistes s'étant penchés sur le sujet... Il faut reconnaître que l'évaluation est problématique. On sait, nous l'avons vu, que le trafic d'armes est numéro un au top 50 du crime, suivent la drogue, les trafics d'animaux et, en quatrième position, tout le reste, le racket, les jeux, le proxénétisme, etc. On sait aussi que le chiffre d'affaires annuel du trafic mondial de stupéfiants est d'environ trois cents milliards de dollars. On peut donc avancer, sans grand risque d'erreur, le chiffre de mille milliards de dollars comme représentant l'argent mondial brassé chaque année par les mafias. Mille milliards de dollars! Cinq mille milliards de francs! Plus de deux fois le budget de la France [1]...

Nous savons par ailleurs que toutes les organisations criminelles fonctionnent comme de grands groupes capitalistes : minimum de risques pour le maximum de profits, le tout sans aucun état d'âme. D'où la passion des mafiosi des cinq continents pour les armes et leur commerce. D'autant que flics et juges des pays industrialisés peuvent difficilement lutter contre les lobbies de marchands d'armes installés au cœur même de leurs institutions.

Risques acceptables, maximum de profits, ce sont aussi les raisons de l'inaltérable intérêt des mafieux pour le commerce de la drogue. Quelques chiffres [2] pour comprendre :

Dix kilos d'opium brut récolté dans le Triangle d'or reviennent à environ deux mille cinq cents francs. C'est la quantité nécessaire pour raffiner un kilo d'héroïne à 80 ou 90 % de pureté qui, lui, se négocie à Bangkok à vingt-cinq mille francs. Importé en France, le même kilo vaut cinq cent mille francs. Vendu dans la rue à Paris à 4 % de pureté, il vaut vingt millions de francs.

Comme toutes les polices du monde, la police

1. Plus précisément, on sait qu'il faut déduire de ce chiffre d'affaires (cinq mille milliards de francs) les pertes résultant de la guerre entre organisations criminelles concurrentes, du paiement de tous les intermédiaires et des saisies des polices mondiales. On peut ainsi estimer que le bénéfice retiré du crime organisé est chaque année d'au moins mille deux cent cinquante milliards de francs. Encore faut-il soustraire au final les rémunérations des blanchisseurs pour déterminer le bénéfice net.

2. Chiffres donnés par Alain Couic, commissaire à l'Office central pour la répression du trafic illicite des stupéfiants.

judiciaire française utilise principalement trois méthodes pour remonter les filières du trafic de stupéfiants :

– les « livraisons surveillées » qui durent peu de temps, quelques jours (ici la surveillance se fait de l'extérieur par des écoutes, des filatures ou des « planques », sans infiltration du réseau) ;

– les « livraisons contrôlées » qui durent plus longtemps, plusieurs semaines, et qui comprennent souvent un début d'infiltration du réseau (il faudra par exemple qu'un des agents soit un client potentiel des trafiquants afin d'être certain de la date de l'arrivage, etc.).

– l'infiltration systématique, de très longue haleine, avec parfois la création de structures-pièges qui attireront les mafieux. C'est une « invention » américaine. Non prévue par l'arsenal juridique français jusqu'en 1991, elle est maintenant autorisée exclusivement pour des affaires liées au trafic des « stups ». On le voit, la conception française demeure restrictive. Les Américains qui pratiquent ce type d'opérations depuis de nombreuses années les classent sous la rubrique : « opérations sous couverture ». Pour en savoir plus, je suis allé voir Alan Ringgold du F.B.I. [1]

Alan Ringgold est l'attaché de l'ambassade des États-Unis à Paris, qui fait la liaison entre les

1. *Federal Bureau of Investigation.* Police judiciaire fédérale dépendant de l'attorney général (ministre de la Justice).

polices française et américaine. Il était auparavant en Suisse et repartira bientôt pour les U.S.A.

Pour le joindre, il faut passer trois ou quatre sas, porter un badge, être accompagné, que votre identité soit vérifiée une fois, deux fois et puis une dernière porte sur vérin s'ouvre avec un bruit de piston des plus sécurisants sur un bureau décoré dans le style des années 60.

Alan Ringgold, F.B.I. Petite taille, environ cinquante ans, cheveux gris, œil bleu très clair, vif comme la poudre. Il est assis à sa table de travail – bois sombre et fauteuil en cuir. Des souvenirs partout. Photos de madame Ringgold et des enfants. Médailles de toutes les polices européennes. Un télex crypté, avec de mystérieux rayons ultraviolets... Et surtout un bunker métallique au sein même de la pièce, une sorte de cage de Faraday isolant de toutes radiations comme celles par exemple, des systèmes d'écoute – K.G.B. es-tu là ? – dans laquelle il peut téléphoner en sécurité. Toutes ces précautions n'empêchent pas Alan Ringgold de faire la preuve du plus extrême humour sur lui-même. Habillé de gris, en bras de chemise et cravate, il a disposé dans ce bunker un costume de Superman qu'il endosse, affirme-t-il avec le plus grand sérieux, lorsqu'il transmet un message confidentiel codé...

Dans l'ambassade, beaucoup de personnel : les civils cravatés et quelques marines que côtoient des types en casquette de base-ball et jeans. Tout cela décontracté, pas stressant, et certainement très efficace.

Bref, ça me plaît beaucoup... Comme le français de Ringgold, qu'il parle *fluently* avec des plages de silence, comme si une moitié de phrase suffisait pour saisir ce qu'il y a à comprendre. Le timbre est assourdi – habitude de la discrétion –, et il m'arrive parfois de devoir tendre l'oreille. Une voix sous couverture...

– Pour que vous compreniez bien notre marge de manœuvre, je ne vous parlerai pas de drogue, mais d'une opération qui s'est déroulée à l'intérieur même de nos tribunaux...

Voici l'histoire : à Chicago, le procureur fédéral commence à s'inquiéter. Il ne cesse de recevoir des plaintes contre des juges corrompus. Une corruption totale! Voulez-vous faire tomber une procédure, « l'oublier » ? Pot-de-vin. Voulez-vous gagner tranquillement votre procès ? Une belle et grasse enveloppe. Le procureur général se rend au F.B.I. Que faire ? Le témoignage des juges est impossible, puisqu'ils sont dans le collimateur. Et puis, ils connaissent la musique...

– Je souhaiterais que quelques-uns de vos agents entrent dans mon équipe, dit le procureur.

Le F.B.I. compte dans son personnel un bon nombre d'anciens avocats. Après quelques cours pratiques, un bref recyclage pour réapprendre les trucs du métier, et voici le procureur fédéral de Chicago nanti de trois nouveaux procureurs, frais émoulus du Federal Bureau of Investigation. Ils s'introduisent dans les tribunaux. Bien vite, apparaît une difficulté : impossible de travailler sur de vrais dossiers sans risquer les pires complications une fois l'opération terminée. Plaintes contre le gouvernement de justiciables furieux, critiques du public, journaux tirant à boulets rouges sur les « magistrats-flics », etc. Bref, c'est l'impasse. Il faut améliorer le dispositif. On garde les procureurs mais, pour infiltrer le système tout entier, on ajoute des avocats et des faux clients, des « justiciables » tous agents du F.B.I.

Et c'est ici qu'il faut entendre Alan Ringgold avec son savoureux accent yankee :

– Oh... oui... On ne pouvait pas travailler avec la police locale parce qu'elle était elle aussi un peu corrompue... Alors, pour faire arrêter nos agents « justiciables », il fallait avoir quelque chose d'imparable. On a fait venir des agents de n'importe quel endroit des États-Unis. Ils se sont fait arrêter pour des raisons mineures : excès de vitesse, conduite sous l'influence de l'alcool, etc. Alors les policiers les arrêtaient ; une fois arrêtés, ils demandaient un avocat. Il y avait donc des défenseurs agents du F.B.I., des procureurs agents du F.B.I., et il y avait des clients agents du F.B.I. Et les magistrats ont commencé à juger les cas qui leur étaient présentés et c'était très évident, à travers les huissiers principalement, qu'il y avait des pots-de-vin à payer...

C'est ainsi que, durant trois ans pleins, le F.B.I. va payer pour faire relaxer ses vrais-faux clients. Jusqu'au coup de filet final : soixante-deux arrestations. Une quarantaine de juges inculpés et condamnés.

– Chicago, conclut laconiquement Ringgold,

c'était complètement fou. On n'avait jamais vu ça avec les juges !

Tout aussi suggestive est l'histoire de la Bourse de commerce de matières premières de Chicago. Alan Ringgold raconte :

– Nous avons reçu la visite du patron d'une maison de courtage implantée à Chicago depuis toujours, foncièrement honnête et très tracassé de constater qu'à presque chaque achat ou vente à la Bourse, il fallait payer un petit supplément pour réaliser la transaction...

Aux États-Unis, la « corbeille » où se retrouvent les boursiers se traduit par « pit », la fosse. Sur le plancher du marché, encerclant le « pit », les courtiers se retrouvent en monde clos. Les transactions se font oralement, elles se concluent à des allures vertigineuses. Parfois moins de dix secondes. Et l'arnaque consiste à profiter du nécessaire décalage entre le « tope là » des courtiers et l'affichage du cours officiel sur le panneau électrique central, sachant que ce nouveau cours est établi à partir des transactions tout juste antérieures. Exemple : compte tenu des transactions, la tonne de maïs se négocie à soixante-cinq dollars. Dans la minute, la salle de marché le sait, ce nouveau cours va être affiché officiellement. En attendant, il est possible de traiter la tonne de maïs à soixante-cinq dollars et demi ou soixante-quatre dollars et demi, et officiellement à soixante-cinq. Après paiement du client, la différence va dans la poche des courtiers...

Cela marche dans les deux sens, à la hausse comme à la baisse, de soixante-cinq à soixante-cinq dollars et demi comme de soixante-cinq à soixante-quatre dollars et demi puisque, de toute manière, achat et vente, perte ou profit, ce sont les clients qui honorent la facture. À la fin de la journée, à grande échelle, de tels tripatouillages occasionnent une fuite de deux à trois mille dollars.

Difficile d'agir. Un monde clos, un nombre précis d'acteurs, des murmures, pas de témoignages. Une seule méthode, l'infiltration lente. Le propriétaire de la maison de courtage demande au F.B.I. quelques agents formés aux finances pour... « les mettre sur le plancher ». Cinq agents suivent un stage. Finalement, licence en poche, ils se retrouvent autour du « pit » comme courtiers.

Alan Ringgold :

– Pendant deux, trois mois, ils ont fait connaissance avec le « système ». Ils se sont entraînés de plus en plus et, finalement, ils ont fait les transactions. Ils ont su tout de suite comment faire les petites marges de différence... Alors, on a procédé aux arrestations. C'était un tremblement de terre ! Incroyable !...

Depuis les maisons de courtage ont réfléchi. Les règles ont changé. Les courtiers ont des calepins avec des feuilles numérotées avec interdiction de grattage ou de surcharge, ou d'inscription de mentions codées.

... Mais les opérations sous couverture les plus étonnantes sont encore celles où le F.B.I. se transforme en entreprise commerciale.

Alan Ringgold :

– Là, j'étais gérant de la société. Dans le port de La Nouvelle-Orléans, il y avait un problème que je vais vous expliquer : la Mafia contrôlait le syndicat des dockers sur toutes les côtes des États-Unis mais principalement au sud et à l'est. On a vu qu'il y avait une corruption terrible dans le port. Chaque fois qu'un navire arrivait avec quelque chose comme, disons du béton, et qu'il partait avec des graines – et La Nouvelle-Orléans, c'est un port important pour l'exportation de céréales –, chaque fois que le navire repartait avec quelque chose de comestible, il fallait le nettoyer avec des tuyaux à haute pression. Alors on voyait deux choses : d'abord, les sociétés qui s'occupaient du nettoyage obtenaient les contrats seulement si elles payaient des pots-de-vin. Deuxièmement, elles lavaient à moitié les navires. C'était mauvais pour la santé. Alors on a décidé de monter une société de nettoyage...

Et ils l'ont fait ! Avec trois cent cinquante mille dollars d'investissement : locaux, bateaux-navettes pour arriver aux cargos, tuyaux à haute pression. Deux agents du F.B.I. gérants de société. Un agent féminin à l'accueil, le reste des employés, chargés de la main-d'œuvre, ignorant absolument qu'ils avaient été engagés par le F.B.I.

Une fois sur le « marché », le F.B.I. décroche les contrats moyennant pots-de-vin. Il paie rubis sur l'ongle à tel point que la société devient prospère.

– La différence, explique Ringgold, c'est qu'on insistait pour que les employés finissent bien le travail !

Le plus drôle, ce n'était pas tant la surprise des commandants des navires que celle des employés du nettoyage qui, ayant déjà travaillé chez des concurrents, n'appréciaient pas du tout ce surcroît d'effort.

Bilan après une année d'activité commerciale ? Cent douze arrestations. Syndicalistes, maîtres de ports, souvent d'origine italienne, et contrôlés par la Mafia. Bilan financier du « F.B.I. cleaning service » ? Des comptes en équilibre et une société canadienne qui propose de racheter l'affaire cinq cent mille dollars !

Question à Alan Ringgold : – Vous auriez fait un joli bénéfice ?

Réponse : – Mais non ! On ne peut pas. La loi américaine l'interdit.

Pourtant, la même loi américaine n'interdit pas de faire quelques profits sur le dos des trafiquants. C'est ainsi que le montant total des saisies d'argent blanchi dépasse de beaucoup le total des sommes dépensées pour le saisir. Bien mieux, les États-Unis ont entrepris de reverser à d'autres pays une partie de ces sommes lorsque la coopération avec ceux-ci a permis le démantèlement d'une filière. Ce sont près de douze millions de dollars qui ont été de la sorte reversés à certains pays d'Amérique latine, au Canada, au Royaume-Uni ou ... à la Suisse. Il est à ce propos piquant de constater que la Suisse coopère avec les États-Unis pour lutter contre le blanchiment et reçoit pour son action quelque trois millions et demi de dollars, alors que, dans le même temps, la France est créditée, à hauteur de la coopération franco-américaine, de zéro dollar zéro cent !

Au fait, risquerais-je une question à douze millions de dollars ? Ne pourrait-on envisager de créer, sur notre sol, un service antiblanchiment qui aurait non seulement vocation à lutter contre le crime organisé et la grande délinquance financière, mais aussi à drainer les fonds saisis vers le Trésor public, lequel, nous dit-on, en a quelque peu besoin ?

2. Agir internationalement

« Relax », Alan Ringgold, lorsqu'il raconte en souriant ses opérations sous couverture. Cela paraît aisé. Avec le costume de Superman, évidemment. Mais il ne faut pas oublier les formidables tensions liées à la vie clandestine et les risques de se faire démasquer à tout instant. Ces opérations ont ceci de trouble qu'elles amènent les policiers, sans qu'ils doivent aller jusqu'à tuer, à se conduire comme des criminels. Témoin cette action internationale menée de main de maître par la D.E.A. (Drug Enforcement Agency), organisme fédéral américain de lutte contre le trafic de drogue et qui a permis d'infiltrer le cartel colombien de Cali.

Il s'agissait de l'opération « Green Ice », « glace verte ». Pour en connaître les détails, j'ai rencontré Gerald D. Chapman, officier de liaison de la D.E.A. Noir. Aussi large d'épaules que précis – formation de mathématicien –, méthodique. Et du sang-froid. Il en faut pour se faire embaucher à la Jamaïque par les narcos colombiens en se faisant passer pour un chimiste. Un flic yankee, sous couverture, raffinant de la cocaïne pendant six mois ! C'était l'époque où il était agent secret avant d'être « superviseur et officier de liaison ». Chapman, qui a juré d'apprendre le français avant la fin de l'année, ne s'exprime qu'en anglais. Il raconte :

– L'opération « Green Ice » a été conçue et planifiée par l'agent spécial Thomas Clifford, A.S.A.C. [1] de la section de San Diego, en Californie. Clifford est un habitué de ce type de travail. Il a monté les opérations « Sword Fish » (1980) et « Pisces » (1983) mais avec « Green Ice », il est passé au stade au-dessus...

En 1989, Clifford et son équipe créent donc la Trans America Ventures Associates (T.A.V.A), société d'agents de change internationaux. Pignon sur rue. Haute compétence financière au point que la revue *Hispanic Business Weekly* va classer la T.A.V.A. parmi les cinq cents premières sociétés hispaniques des États-Unis. L'objectif de la D.E.A. est d'entrer en contact avec les financiers du cartel de Cali. Ainsi que d'autres, le cas échéant naturellement. Car « Green Ice » est le fruit de plusieurs enquêtes au sein des réseaux de blanchiment. Les agents de la D.E.A. ont utilisé des informateurs pour identifier les agents de change – de vrais agents de change, ceux-là ! – qui servaient d'intermédiaires entre les chefs du cartel et les structures

1. *Assistant Special Agent in Charge*, « Agent superviseur », équivalent d'un commissaire divisionnaire en France.

de blanchiment aux États-Unis. L'opération commence à San Diego et à Los Angeles pour se poursuivre à Houston, Fort Lauderdale, Miami, Chicago et New York.

Chapman précise :

– Il faut que vous sachiez que ce type d'action doit au préalable obtenir l'aval du ministère de la Justice. Dès que le feu vert est donné, nos agents peuvent répondre aux exigences des trafiquants : recevoir les fonds, aller réceptionner l'argent ici ou là, le déposer sur un compte, faire des opérations de courtage, acheter des biens immobiliers, des obligations, des actions, de l'or, et aussi s'occuper de transférer l'argent sur les comptes clients. Bien sûr, ces opérations prennent du temps. Il faut rencontrer un maximum de gens afin de bien comprendre la structure de l'organisation dans son ensemble et les circuits par où passe l'argent pour être blanchi...

La première partie de l'opération « Green Ice » va durer jusqu'à fin septembre 1992 (la seconde est en préparation mais demeure secrète). Durant deux ans et demi les agents de la D.E.A. *sous le contrôle du quartier général de Washington D.C. vont blanchir vingt millions de dollars pour le compte des cartels colombiens*. Sept directeurs financiers les plus haut placés des cartels colombiens sont (malheureusement pour eux) en contact avec des agents sous couverture aux États-Unis, au Costa Rica, en Espagne et en Italie. Au fil des mois, la D.E.A. tisse sa toile et entreprend de collaborer avec les polices d'autres pays, la Colombie, bien sûr, l'Italie et le Royaume-Uni. À Londres, par exemple, les Britanniques ont placé trois de leurs douaniers sous couverture, avec lesquels des Colombiens, conseillés par un agent de la D.E.A., ne tardent pas à prendre contact.

En accord avec les banques anglaises concernées, les agents britanniques vont blanchir un million six cent mille dollars (en trois fois : trois cent mille, cinq cent mille et enfin huit cent mille dollars). Les banquiers britanniques ont été extrêmement discrets et efficaces – à force de dire des cruautés sur les banquiers en général, il faut bien ici leur rendre hommage.

Le coup de tonnerre va retentir le 25 septembre 1992, place d'Espagne à Rome. Ce jour-là, José Duran, « pape » colombien de la cocaïne, et Pedro Villacuiran, chef de la distribution de la cocaïne en Europe, sont arrêtés alors qu'ils sirotent l'apéritif à la terrasse d'un café.

Qui est José Duran ? On ignore son vrai nom : ses empreintes digitales correspondent à une vingtaine d'identités différentes. Chef du cartel de Pereira, il est à la fois le plus gros producteur et le plus grand distributeur de cocaïne, écoulant sur les marchés européens la production des autres cartels dont celui de Cali et de Valle del Norte. Dans le sens « aller », la marchandise dûment camouflée arrivait en Europe, en Italie notamment, à bord de conteneurs chargés d'agrumes ou de denrées odoriférantes pour tromper les chiens « renifleurs » des douaniers. L'un des derniers chargements débarqués à Livourne – caché dans du poisson congelé – a été bloqué : le poisson contenait trop de mercure et devait subir de nouveaux contrôles... L'incident a provoqué la venue à Rome du « boss » et de son adjoint pour s'excuser du contretemps auprès de leurs correspondants italiens. L'intermédiaire hollandais, une ravissante jeune femme de trente-cinq ans, Betty Martens, chevelure blond ardent et taille mannequin, présente elle aussi, a été arrêtée avec eux.

En Italie, la drogue était revendue par les clans de la Cosa Nostra en Sicile (notamment celui de Corleone, soupçonné de l'assassinat du juge Falcone), du clan Piromalli (Mafia calabraise), et de Carmine Alfieri (Camorra napolitaine).

Côté « retour », l'argent était recyclé par une série de sociétés – une quinzaine en Italie – et réexpédié en Colombie sous la houlette d'un personnage de premier plan : Gonzalo Polonao Camargo, vice-président de la banque nationale de Colombie. Issu de la bourgeoisie financière de la capitale, il s'était assuré de solides protections dans l'entourage du président Barco. Cet homme « au-dessus de tout soupçon », qui sera arrêté au Costa Rica, gérait le service des changes et des valeurs de la banque nationale, délivrant lui-même les autorisations nécessaires au « rapatriement » des capitaux blanchis. Ce banquier hors du commun présentait également la particularité de collaborer étroitement avec les services spéciaux de son pays et avait participé aux sommets antidrogue en qualité de... conseiller !

Premier bilan mondial de « Green Ice » : cent soixante-quatre arrestations. Les directeurs financiers les plus haut placés du cartel de Cali ont été appréhendés aux États-Unis, en Italie, en Espagne et au Costa Rica, à l'issue d'une réunion au sommet proposée et organisée par les agents sous couverture de la D.E.A. et destinée... à mettre en œuvre des circuits de blanchiment!.. Les photos publiées dans les revues internes de la D.E.A. sont frappantes. Dans la grande tradition policière : ainsi Carlos Rodrigo Polania, « top money manager », du cartel de Cali, plié en deux, le nez écrasé sur un capot de voiture, tandis que les agents fédéraux lui passent les menottes. Les saisies ? Six cent trente-quatre kilos de cocaïne et cinquante millions de dollars (exactement 50 358 923 dollars dont 90 % en cash). À Londres, il faut utiliser des engins élévateurs pour transporter les espèces saisies : vingt-deux mètres cubes!

– C'est une bataille gagnée dans une guerre qui continue, déclare-t-on à Washington, au D.E.A. Headquarters Command Center.

L'opinion est partagée, mais avec pessimisme, par Alain Labrousse, ancien ethnologue qui a fondé en octobre 1990 *l'Observatoire géopolitique des drogues* :

– Les narcotrafiquants colombiens ne forment pas une structure monolithique. Le terme de cartel est d'ailleurs impropre dans le sens où il n'existe pas d'entente sur les prix de la marchandise. Il serait plus juste de parler de bandes rivales, telle celle de José Duran qui passe de temps à autre des accords sur tel ou tel coup.

La route de la « coke » défrichée par le pionnier Pablo Escobar qui, depuis son évasion, multiplie les attentats meurtriers, reste donc ouverte avec, au kilomètre zéro, le fameux triangle montagneux des cartels délimité par les villes de Cali, Medellín et Bogota. « Nous savons par les études des historiens de la Mafia que la réalité du trafic de la cocaïne s'est imposée grâce aux traditions locales, rappelle Alain Labrousse. Le secteur en question a été le berceau de contrebandiers de tout poil, de trafiquants d'émeraude et de marijuana. Aujourd'hui, on a en gros cinq grands foyers, centres névralgiques de la " coke " dont, bien sûr, celui de Pereira, ville dont est originaire José Duran. Ces structures sont la cible de la " guerre totale " décrétée par le gouvernement colombien et les autorités américaines. Le paradoxe est que, malgré la répression, elles n'ont jamais connu autant de prospérité [1]. »

Ce sombre constat est alimenté par les bulletins de bonne santé du cartel de Medellín. Donnés un peu rapidement pour moribonds, après l'arrestation de Pablo Escobar et la mort de ses lieutenants, Rodriguez Gacha et Carlos Lehder, les narcos locaux ont su en fait s'adapter à la nouvelle donne et se sont partagé l'empire éclaté d'Escobar. « En prison, l'ex-chef de la plus grande multinationale de la cocaïne s'était reconverti dans les

1. Entretien avec Thierry Oberlé, *Le Figaro*, 1er octobre 1992.

“ assurances ”, autrement dit dans la surveillance des expéditions de drogue, analyse Alain Labrousse. Sa force repose exclusivement sur son armée de tueurs : les sicarios. »

On connaît la suite : « l’évasion » d’Escobar et, le 15 avril 1993, une bombe qui éclate dans un centre commercial de Bogota. Dix morts, une dizaine de blessés. C’est le septième attentat attribué à Escobar depuis le début de l’année.

La guerre, donc, continue. José Duran, producteur de cocaïne et distributeur des autres cartels, particulièrement de celui de Cali, n’est plus rien. Cinquante millions de dollars saisis, ce n’est pas négligeable non plus. Il faut continuer à frapper les assassins en plein cœur, là où cela fait mal : au portefeuille.

– Nous allons enclencher la phase 2 de l’opération « Green Ice », explique Gerald D. Chapman. Grâce aux nouvelles dispositions légales françaises (la loi du 14 octobre 1991), nos officiers vont travailler en étroite coopération avec René Wack et son groupe financier. Paris, je ne vous l’apprends pas, est une très belle ville... et un point de rencontre important. Nous collaborons déjà, bien évidemment, avec l’Office central pour la répression du trafic illicite des stupéfiants, et je sais que nous allons encore devoir travailler ensemble. Mais pour tirer la leçon de « Green Ice » je voudrais dire ceci :

cette opération a ouvert une nouvelle ère de coopération internationale. Elle a offert à chaque pays la possibilité de tester sa législation en vigueur, et aux différentes organisations de police la chance de mener une action en commun. « Green Ice » a démontré au monde que grâce à la coopération, à la coordination on peut espérer démanteler un jour ces organisations qui parasitent nos sociétés, utilisent notre système bancaire, détruisent nos communautés. Tous ceux qui ont participé à cette opération s'en sont réjouis. Pour nous, « Green Ice » a été un pas en avant. C'est la direction à suivre si nous voulons maîtriser le problème planétaire de la drogue.

Mais l'officier de liaison Chapman oublie d'ajouter que les États-Unis ont, en la matière, vingt ans d'avance sur le vieux continent. Dès octobre 1970, les Américains, inquiets du développement des mafias, font voter la loi RICO (Racketeer Influenced and Corrupt Organizations Act), la complètent par une loi sur la confiscation civile (Controlled Substances Act), par la loi anti-drogues de 1986 (Anti-Drug Abuse Act) et donnent ainsi la possibilité aux policiers et magistrats d'outre-Atlantique de démanteler les circuits de blanchiment les plus sophistiqués. Le Congrès leur a même fait cadeau d'une construction juridique pour le moins étonnante : aux États-Unis, le bien ayant servi au blanchiment est considéré comme intrinsèquement « coupable » et peut donc être confisqué quel qu'en soit son détenteur. Par exemple, si mademoiselle X a placé toutes ses économies, cinquante mille dollars, sur son compte bancaire, et que son petit ami crédite son compte, à son insu, de dix mille dollars d'argent sale, c'est tout le compte de mademoiselle X, soit soixante mille dollars, qui sera saisi et confisqué au profit du Trésor américain...

En France, on n'en réclame pas tant ! Cependant, tout reste à construire. Les textes sont parcellaires et leur application rendue quasiment impossible faute d'une volonté politique forte. Les services de police attendent des jours meilleurs (une nouvelle législation), la justice est impuissante et les blanchisseurs... blanchissent.

3. Paris/Tokyo/Taipeh/Hong Kong

– Quand on confisque l'argent des criminels, on leur enlève momentanément la possibilité de continuer.

C'est froidement exprimé. À la manière Chapman.

– J'espère, continue-t-il, que la France prendra une grande part dans la seconde phase de « Green Ice ».

Autrement dit, au premier montage de l'opération, notre pays a cruellement fait défaut...

La France se prépare enfin. René Wack rédige une charte des opérations sous couverture afin que soient clarifiés les rôles de chacun : policiers infiltrés, superviseurs, magistrats commanditaires. L'O.C.R.G.D.F. et l'O.C.R.T.I.S. travaillent sur des nouveaux réseaux. D'autres services enquêtent sur les mafias asiatiques, de plus en plus présentes aux États-Unis et en Europe. Triades chinoises et yakuzas japonaises ont des têtes de ponts dans toutes les grandes capitales mondiales, et notamment à Paris où elles blanchissent chaque année une partie de leurs bénéfices. J'ai appris, à ce propos, par la presse, que des gendarmes avaient partiellement démantelé un réseau de blanchisseurs lié à ces mafias.

Pour en apprendre davantage, je poursuis l'enquête. Direction rue de Béarn à la Section des recherches (S.R.) de Paris, unité d'élite de la gendarmerie. Commandée par le colonel Recordon, elle comprend cinquante hommes répartis en cinq groupes : « stups », homicides, gens du voyage, délinquance organisée plus un groupe financier que je connais plus particulièrement pour lui avoir confié, avec bonheur, une enquête aussi complexe que délicate. Au palmarès de la S.R., les affaires Luchaire, l'Oréal, Touvier, celle du nazi Aloïs Brunner localisé en Syrie (l'enquête est en cours) et l'affaire du sang contaminé.

Le colonel Recordon a le même âge que René Wack (je dirais, façon jésuite, qu'un sentiment d'émulation les anime). La quarantaine affirmée, donc. Taille moyenne, brun, fine moustache, lunettes cerclées d'or. Une certaine élégance. Précis. Déterminé. Les locaux de la S.R. ? Petits, sombres. À décourager les plus rageuses vocations. Le bureau du colonel fait le quart du mien.

L'histoire commence en octobre 1991 par un tuyau des douanes (la D.N.R.E.D) : des Japonais blanchiraient l'argent de la drogue en achetant en masse des produits d'un grand maroquinier parisien, nous l'appellerons Bluebag, qui seraient par la suite exportés vers le Japon. Les douanes informent également par courrier le préfet de police, déjà alerté par Bluebag, qui demande au commissariat du VIIIe arrondissement de faire une enquête, laquelle, à peine commencée, va dormir de très longs mois dans les tiroirs dudit commissariat...

Pendant ce temps, la S.R. va enquêter en préliminaire sous le contrôle du parquet de Paris pour constater que, devant les magasins Bluebag, des files d'attente de dix, vingt, trente ou cinquante personnes se forment, toutes composées d'Asiatiques qui entrent, achètent, payent, sortent quelques instants puis recommencent... (Bluebag ayant vite limité à cinq mille francs le montant maximal des achats pour ce type de clientèle). Le parquet de Paris ouvre rapidement une information pour travail clandestin (les « fourmis » qui achètent) et pour faux et usage de faux (une des sociétés exportatrices vers le Japon est en effet une société fictive, Maxima international, tenue par un natif d'Hiroshima et truand de son état).

Commission rogatoire en poche, délivrée par le juge Delahaye, le juge de la lessiveuse de Biarritz, le colonel Recordon établit avec la direction de Bluebag un plan de bataille. Le surlendemain, des gendarmes en civil se présentent chez Bluebag pour y être embauchés comme vendeurs. Ils sont accueillis comme des sauveurs. Car le cauchemar du célèbre maroquinier dure depuis des mois et des mois !

Cela a commencé le jour où les blanchisseurs japonais se sont présentés pour demander qu'on leur vende, en grande quantité et très régulièrement, des produits Bluebag, « très prisés au Japon ». Bluebag refuse, expliquant que, possédant son propre réseau commercial, il préfère vendre par lui-même. Les blanchisseurs se fâchent et menacent.

– Nous enverrons tous les jours chez vous des traîne-patins et des clochards mal lavés, puants, ignobles. Mais avec de l'argent ! Ils achèteront, et vous serez tenus de vendre. C'est la loi. On verra combien de temps votre clientèle chic vous restera fidèle.

Bluebag ne cède pas.

Quelques jours plus tard, la noria des fourmis commence. Peut-être pas aussi désagréable que prévue, mais franchement pas décorative. La clientèle habituelle ouvre des yeux ronds, s'écarte un peu. Lauren Bacall, de passage à Paris, doit être reçue dans un salon à part... Bluebag est en train de perdre son âme. Son chiffre d'affaires baisse de 30 %...

– Alors ? demandent les blanchisseurs japonais. Qu'est-ce qu'on fait ?

Bluebag craque. Pour le maroquinier, il ne s'agit bien évidemment pas de traiter une affaire avec des

« blanchisseurs », mais de trouver un modus vivendi avec des gangsters. Car c'est bien ainsi qu'ils apparaissent aux yeux du commerçant. Des truands qui se réservent la distribution du marché asiatique.

Un accord est conclu : une structure spéciale va être montée à Genève où les honorables clients nippons pourront s'approvisionner chaque mois pour un maximum de dix millions de francs. Pourquoi ce maximum ? Parce qu'il faut bien servir la vraie clientèle et garder pignon sur rue...

Le harcèlement des fourmis cesse immédiatement. Trois mois plus tard, ça recommence. En bons gangsters, les Japonais ne respectent pas leurs engagements. Comme ils l'expliqueront plus tard en procédure : « Pourquoi arrêter maintenant alors que nous avions trouvé comment faire plier Blueblag ? » Tout cela dure pendant des mois et des mois et des mois...

Les gendarmes-vendeurs sont maintenant dans la place et observent. Quelques-uns de leurs collègues font de même, à l'extérieur des magasins. La technique est toujours la même : un Asiatique (Chinois, Japonais, Cambodgien, Vietnamien ou Thaïlandais) entre dans le magasin. Il ne parle pas un mot de français et tend une liste d'objets à acheter où figurent même les références de ceux-ci... À la main, il tient une enveloppe qu'il ouvre au moment de payer et qui renferme des billets de cinq cents francs neufs. Il ressort avec les sacs, les donne à un chef d'équipe qui attend dans sa voiture, devant le magasin, prend une autre enveloppe et rentre à nouveau...

Filés par les gendarmes, les chefs d'équipe remettent la moisson de la journée à un chef de réseau qui les paie de leur peine. Et ça recommence le lendemain. Tous les sacs sont, au fur et à mesure, transportés dans des appartements boulevard de la Madeleine et avenue Montaigne, puis reconditionnés et envoyés à Roissy par des transitaires qui les expédient vers le Japon. L'examen des bordereaux d'exportation des transitaires fait apparaître du 1er janvier 1989 au 31 décembre 1991 près de quatre cents millions de francs de marchandises exportées. Au Japon, une vingtaine de sociétés réceptionnent le matériel et le revendent au détail dans les boutiques.

À Paris, cinq chefs de réseau sont identifiés : trois Japonais, un Vietnamien et un Chinois. Chacun emploie de cinq à quinze chefs d'équipes. Les fourmis sont recrutées à la journée, il peut y avoir jusqu'à deux cents fourmis qui travaillent en même temps. Le montant des achats peut atteindre, pour les cinq chefs de réseau, trois millions de francs par jour. Les fonds nécessaires proviennent du Japon. L'argent est viré sur les comptes de six banques françaises et retiré des guichets en espèces pour financer les achats. Les banques laissent faire puis font des déclarations de soupçon lorsque cela devient trop évident. T.R.A.C.F.I.N. transmet au parquet de Paris qui saisit le juge Delahaye de ce qui semble bien être du blanchiment. Les banques, de plus en plus réticentes devant la poursuite du trafic, ferment les comptes des Japonais, lesquels en ouvrent de nouveaux au Luxembourg... où ils sont parfaitement accueillis. Et chaque semaine, les chefs de réseau vont chercher ce dont ils ont besoin au Luxembourg...

En avril 1992, le colonel Recordon en sait assez pour décider de « casser » les réseaux. Bilan : saisie de huit millions de francs en espèces et de dix millions de francs de marchandises. Grâce à une commission rogatoire internationale, les comptes bancaires, sur lesquels dorment vingt millions de francs, sont bloqués au Luxembourg (on s'apercevra plus tard que les autorités luxembourgeoises n'ont bloqué que quelques-uns des comptes des Japonais), cent personnes sont interpellées. Parmi elles, soixante-dix fourmis de toutes nationalités, arrêtées et dirigées vers les locaux d'une base militaire où elles sont entendues en qualité de témoins, grâce à une quinzaine d'interprètes, puis relâchées (ces personnes n'avaient en effet pas l'impression de commettre une infraction grave, elles ne voyaient à l'affaire qu'un moyen de gagner un peu d'argent). Trente autres personnes sont arrêtées et placées en garde à vue dans les locaux de la S.R. : les cinq chefs de réseau, deux de leurs adjoints, et les chefs d'équipe.

Très vite, l'un des cinq chefs de réseau sort du lot : c'est le Chinois. Les autres l'appellent le *Kurumaku* (« l'homme de derrière le rideau »). Né et habitant à Taipeh où il exploitait une petite boutique minable, il va se fixer au Japon durant sept ans. Il arrive en France en 1980. Il fait fortune et occupe au moment de son interpellation un immense appartement avenue Marceau, dont les murs s'ornent de nombreuses toiles de maîtres. Dans son bureau, un coffre-fort de la taille d'une armoire normande renferme une inestimable collection de vases de Gallé. Heureux propriétaire d'un restaurant aux États-Unis acheté neuf cent mille dollars et d'un portefeuille d'actions de trois cent mille dollars géré à l'étranger. Ses comptes bancaires au Luxembourg, en France, à Jersey, en Suisse, à Singapour et au Canada sont tous largement créditeurs et sa concubine dispose de trois autres comptes aux États-Unis. Il a de plus deux autres domiciles, l'un à Tokyo et l'autre à Taipeh. C'est manifestement lui le grand chef du réseau des blanchisseurs.

Recordon découvre aussi qu'il est en liaison avec une agence de voyages hollandaise gérée par un Malais réputé tremper dans le trafic d'héroïne à grande échelle. L'apporteur de fonds de cette agence de voyages n'est autre qu'un deuxième Chinois, propriétaire de boîtes de nuit, de restaurants et de salles de jeu dans toute l'Europe et qui est un des plus gros trafiquants d'héroïne d'Europe du Nord [1]. Ce Chinois est notoirement en contact

1. Il a déjà purgé une peine de huit ans d'emprisonnement pour cela, de même d'ailleurs que trois de ses compagnons pris en 1983, 1984 et 1986 à Paris avec dix kilos, huit kilos et neuf kilos d'héroïne; un autre de ses amis ayant été capturé à Amsterdam en 1983 avec quarante kilos d'héroïne.

avec des membres de la triade 14K de Hong Kong. Le Malais gérant l'agence de voyages est lui en contact régulier avec deux gangs : le syndicat de Singapour et le groupe Johnny Tan.

La 14K est l'une des plus puissantes triades de Hong Kong. C'est une fédération d'une vingtaine de gangs qui ne dédaignent pas de se faire la guerre de temps à autre. La 14K a la haute main sur la production et la commercialisation d'une partie du pavot du Triangle d'or. Ses chefs, contrairement aux mafieux européens, sont devenus de véritables businessmen que rien ne différencie des autres hommes d'affaires. Ils gèrent en patrons d'entreprise avisés le trafic d'héroïne et sous-traitent à des gangs mineurs, comme le groupe Johnny Tan et le syndicat de Singapour, la réception, la surveillance et le stockage de l'héroïne en Europe et dans le reste du monde.

Au Japon, la pègre est dominée par les yakusas qui sont aussi des fédérations de gangs et dont les profits sont tirés du jeu, du « contrôle » des sociétés, de la prostitution et du trafic, avec la Corée du Sud, d'amphétamines. Le Japon est en effet grand amateur d'« amphés » et pratiquement pas d'héroïne (les détours de la mentalité japonaise...). Mais, depuis une dizaine d'années, la cocaïne tend à y remplacer les amphétamines.

Alors que l'héroïne détruit les êtres en les faisant sombrer dans la somnolence des paradis artificiels, la cocaïne au contraire « fusille » les neurones, mais avec un effet dopant. La cocaïne ne fait pas rêver, elle excite et, pour certains, stimule l'esprit. Nous avons connu ici, en France, parmi les très hauts conseillers politiques, tel cocaïnomane si habitué à sniffer sa « ligne » avant de comparaître devant son chef, que tout le monde entre le boulevard de la Madeleine et l'avenue Gabriel le surnommait « le Prince de Ligne ».

Eh bien, la cocaïne s'adapte parfaitement à la mentalité japonaise. D'où un très curieux commerce triangulaire. Les cartels cherchent à exporter de la cocaïne au Japon, les triades, elles, cherchent à exporter leur héroïne partout sauf au Japon. Comme les yakusas tiennent l'Empire du Soleil-Levant, l'arrangement est simple : il suffit que les Colombiens échangent aux triades leur coke contre de l'héro et revendent celle-ci aux États-Unis ou ailleurs ; les triades vendent la coke aux yakusas qui l'écoulent sur leur sol et tout ce beau monde blanchit son argent sur le Vieux Continent. Il y a donc des liens réguliers et très forts entre yakusas et triades. Ce qui explique l'affaire Bluebag où l'on retrouve côte à côte les uns et les autres.

Poursuivant son enquête, afin d'identifier les commanditaires de blanchisseurs, le colonel Recordon part pour le Japon en février 1993 sur commission rogatoire internationale délivrée par le juge Delahaye. Là-bas, c'est l'échec, les policiers refusant, fort poliment, de collaborer. Les questions qu'il prépare par écrit sont envoyées, trois semaines avant, aux personnes qu'il est censé faire interroger par les policiers nippons. C'est ainsi qu'il se retrouve un jour devant l'un des dirigeants d'une société d'import-export qui n'est autre qu'une mère maquerelle de cinquante ans, visage bouffi, peinturlurée, short moulant et bas résille, qui se lance dans une abracadabrante démonstration économique quant à l'indéniable rentabilité de ses activités... commerciales.

À force de patience (« la colère facile est une maladie qui provient de la méchanceté du cœur », disent les Japonais), Recordon parvient à déterminer que le propriétaire d'une des sociétés importatrices de sacs Bluebag est un yakusa : non seulement il figure dans les fichiers de la police locale, mais il s'est fait repérer dans une banque à Paris (qui a rédigé une déclaration de soupçon) avec l'équivalent en yen de deux millions de francs en espèces qu'il voulait changer en florins (les canaux et les seringues d'Amsterdam!). Le colonel repère un autre propriétaire de sociétés qui tient deux restaurants à Paris, dont la double particularité est d'être fort bien situés et de n'avoir pratiquement pas de clients...

L'enquête continue actuellement. Il est probable qu'ici comme à Biarritz il sera impossible de prouver le blanchiment (le lien avec le trafic de « stups » n'apparaissant pas *directement*). Et ce, même s'il semble évident qu'une partie de l'argent provenant notamment de la vente de cocaïne au Japon était recyclée à Paris en achetant des sacs de grand luxe.

À ce propos, une remarque intéressante. Recordon s'est aperçu que les sociétés importatrices étaient loin de faire du bénéfice : sur un sac coûtant mille francs à Paris et revendu mille cinq cents francs à Tokyo, il faut retrancher 2 % de frais de transport en France, et, au Japon, 10 à 20 % de taxes douanières, 3 % de T.V.A. et un pourcentage de frais divers : paiement des fourmis, des chefs d'équipe, voyage, export..., plus les frais de fonctionnement des sociétés importatrices et des magasins de détail au Japon.

Grosso modo, il faut connaître cette règle : si, sur deux francs de bénéfice du crime les organisations récupèrent un franc blanchi, elles s'estiment amplement satisfaites. Quel déchet ! Quelle perte ! Mais sitôt que l'on compte des millions de dollars, les sommes restantes ont les mêmes propriétés que l'héroïne : un produit patiemment raffiné. Avec, la mort en moins, un goût de paradis.

Conclusion

Hormis en Italie, les opinions publiques des démocraties européennes n'ont aucune idée du phénomène mafieux, les habituels clichés recouvrant une réalité autrement plus complexe et angoissante. Des cadavres siciliens entièrement dissous dans des bidons d'acide aux phalanges coupées des gangsters yakusas, il y a la même mythologie et une crudité des images qui empêchent d'aller beaucoup plus avant.

La violence physique est trompeuse, elle obscurcit l'esprit, elle est faite pour cela.

Les *mafiosi* sont violents. Ils tuent, asservissent, terrorisent et, le plus important, c'est qu'en vérité ce n'est pas cela le plus important. Car ce que les mafias apportent de plus, c'est l'organisation de cette violence, son utilisation à d'autres fins. Chez les mafieux, la violence n'est que très rarement gratuite, elle sert une cause : la prospérité, et donc la puissance de la famille ou du clan d'appartenance.

Violence servie par une arme de toujours,

partagée par les mafias du monde entier : l'*omerta*. Celui qui parle doit mourir.

Les voilà les trois piliers de toutes les organisations criminelles : silence, famille et violence. En les entretenant, en les ancrant dans la manière d'être de leurs membres, les mafias s'enrichissent, inexorablement. Elles grandissent, année après année, sagement, oh!, jamais contre l'État, mais dans son creux, se nichant dans les vides qu'il laisse, trop affaibli ou trop corrompu pour se défendre.

Aujourd'hui, les mafias couvrent de leur influence presque toute la planète : triades chinoises, yakusas japonaises, loups gris turcs, gangs tchétchènes, cartels colombiens. Cosa Nostra sicilienne et américaine... la liste est longue et toutes, toutes, sont confrontées à la même difficulté, elles sont devenues trop grosses, trop puissantes. Dans certains pays, presque aussi puissantes que les États eux-mêmes, comme en Colombie ou en Russie. Alors leur succès les fait imploser et différentes factions s'entre-déchirent.

Les mafias n'ont pas en effet vocation à remplacer l'État, à se substituer à lui, leur vraie vocation, c'est l'argent. Et l'argent les submerge, les empoisonne. L'image de Pablo Escobar se lamentant de voir les rats lui grignoter ses millions de dollars fait sourire. Elle est symptomatique du désarroi de ces nouveaux milliardaires en petites coupures, incapables, sans se faire prendre, de les transformer en limousines, en propriétés de luxe ou en avions privés.

Pablo Escobar et Toto Riina, le chef présumé de Cosa Nostra, ont ceci de commun qu'ils semblent aussi rustres, madrés et primaires l'un que l'autre. Il est assez difficile de les imaginer maîtriser les techniques les plus « sophistiquées » de la finance internationale pour recycler leur argent gagné sur les trottoirs de Medellín ou de Palerme. Comment font-ils alors ? Ils négocient avec d'autres, avec des avocats véreux, des banquiers douteux qui, eux-mêmes, chercheront et trouveront immanquablement d'autres intermédiaires un tout petit peu moins douteux qu'eux. Et ainsi de suite, d'une zone grise à une zone un peu plus blanche, jusqu'au recyclage final. Arrivé à ce stade, l'argent investi initialement, et dont la moitié aura fondu au soleil, payant les intermédiaires, rapporte légalement des sommes gigantesques. Déjà, les bénéfices retirés des activités légales des vieilles mafias sont devenus aussi importants que ceux qui proviennent des activités illégales.

Et demain ? Demain, la part de ces bénéfices « légaux » sera de 70 % puis de 75 %... et puis il viendra un moment où nos vieux chefs mafieux laisseront la place à d'autres, véritables businessmen qui auront appris à gérer leur empire financier. Déjà, à Hong Kong ou Singapour, rien ne distingue certains chefs de la triade 14K d'hommes d'affaires ordinaires : mêmes costumes, même élégance, même courtoisie, même dureté dans les affaires. Pourquoi en serait-il différemment en Europe, cible privilégiée du blanchiment ? Que cette situation s'aggrave et perdure, et c'en sera fini de nos démocraties. Nos systèmes économique et politique ne survivraient en effet pas longtemps à une intrusion massive de capitaux dont l'emploi serait « contrôlé » avec les méthodes que l'on connaît, par les organisations mafieuses.

Il faut cesser de voir les mafias comme il y a trente ans, c'est-à-dire comme des groupes initiatiques pratiquant un certain code de l'honneur. Les organisations criminelles sont devenues des entreprises et ces entreprises obéissent à une logique qui n'est plus seulement celle de la « famille » mais aussi celle du capitalisme sauvage. Les mafias sont condamnées à réussir, à gagner de l'argent et à gérer cette immense trésorerie. L'*interface* entre le monde mafieux et le nôtre se fait ici, à ce guichet de banque qui accepte complaisamment des espèces douteuses ou là, au cours de ce tour de table où une société d'économie mixte recherche des capitaux privés pour la construction d'un complexe hôtelier. Mais, la jointure faite, l'*omerta* est rompue : s'il n'est pas possible de faire parler un homme d'honneur, il est toujours possible de décrypter un document comptable. En 1991, Falcone écrit [1] : « Si l'on parvenait un jour à priver les organisations criminelles de leurs possibilités de placements financiers, c'est sûr, on leur ôterait un de leurs principaux atouts. » L'idée est dès lors simple, claire, lumineuse : il faut attaquer le crime organisé au défaut de sa cuirasse, pendant la phase de blanchiment.

1. Giovanni Falcone et Marcelle Padovani, *Cosa Nostra, le juge et les hommes d'honneur,* Édition° 1/Austral.

Cela étant posé, encore faut-il commencer à se battre. Malgré de flamboyantes déclarations d'intention, la France est dans le peloton de queue de la lutte contre les mafias et le blanchiment. Notre avant-dernier ministre de la Justice, Henri Nallet, trop occupé à étouffer par tous les moyens l'affaire Urba et la révolte des juges, ne s'est jamais préoccupé du problème. Quant à Michel Vauzelle, à ses heures tireur d'élite sur hélicoptères, il s'est contenté, à grand renfort de publicité, de réunir ses homologues de l'Europe du Sud dans sa bonne ville d'Arles où il se présentait aux législatives quelques mois plus tard.

Bien sûr, il y a T.R.A.C.F.I.N., dont on a pu apprécier l'efficacité, l'U.C.R.A.M. du commissaire Poinas dont on n'a guère entendu parler. Il y a bien évidemment, à tous seigneurs tout honneur, l'O.C.R.G.D.F. de Wack et dans une moindre mesure (ce n'est pas sa fonction première) la Section des recherches de Recordon, unités dont les effectifs et les moyens matériels ne sont pas, c'est le moins que l'on puisse dire, à la hauteur de leurs ambitions. Pour la Justice : rien n'est prévu, ou presque rien... Le juge Delahaye fait ce qu'il peut, et remarquablement, mais seul, dans son cabinet d'instruction parisien. Le premier substitut Marin à la « grande financière » du parquet de Paris, avec ses dix substituts, doit s'occuper de tout ce que la capitale compte de délinquance économique, et, s'il lui reste des loisirs, du blanchiment. Il y a aussi, au compte-gouttes dans les quatre ministères concernés (Justice, Finances, Intérieur et Défense), quelques fonctionnaires tout à fait conscients de la gravité du problème. Mais que tout cela semble dérisoire face aux dangers qui menacent. Ah oui! J'oubliais la dernière création de Franck Terrier [1] annoncée à grand renfort de circulaire le 8 mars 1993 (mieux vaut tard que jamais) : « une cellule de coordination contre le crime organisé » sise place Vendôme, à Paris. Elle comprend... un magistrat!

Les solutions ? D'un point de vue purement juridique, elles sont simples : *il faut élargir le délit de blanchiment à TOUT le crime organisé et opérer, pour ce seul délit, un renversement partiel ou total de la charge de la preuve* (chacun devrait être en mesure de justifier de l'accroissement de son patrimoine s'il est soupçonné de blanchiment). D'un

1. Terrier, directeur des affaires criminelles et des grâces, a été sèchement remercié le 22 avril dernier. « Le garde des Sceaux considère que les directeurs de la Chancellerie sont ses collaborateurs directs et il attend d'eux compétence et loyauté », a indiqué l'un des proches de Pierre Méhaignerie.

À l'actif de Terrier, nommé en avril 1990 par Arpaillange, resté en service sous Nallet et Vauzelle : le verrouillage systématique des dossiers sensibles. La visite à Bernard Tapie, ministre de la Ville, pour le conseiller sur la meilleure façon d'échapper à une inculpation dans l'affaire Toshiba (Tranchant). La gestion calamiteuse de l'affaire Urba-Sages. Et puis, à l'arrivée du nouveau gouvernement : un retard maximal de transmission (le 14 avril 1993 au soir) des réquisitions du parquet général de Rennes estimant que les faits reprochés à Mme Dufoix dans l'affaire Trager (corruption, trafic d'influence), sont soit prescrits, soit amnistiés. Pierre Méhaignerie recevant le dossier trop tard, et ne pouvant donner son avis, n'a pas, à juste raison, apprécié.

point de vue judiciaire (comment organiser la lutte contre le recyclage de l'argent noir), les possibilités sont plus diverses et parfois contradictoires. Quelle stratégie adopter ?

Deux magistrats italiens m'ont permis de m'y retrouver dans ce maquis des solutions envisageables : Vladimiro Zagrebelsky, à Turin, et Giuliano Turone, à Milan.

Vladimiro Zagrebelsky, la cinquantaine souriante, d'une grande courtoisie, est procureur de la République. Ancien membre du Conseil supérieur de la magistrature, il est président d'une association de magistrats. Il a bien connu Falcone et m'en parle avec nostalgie et amitié. Il me reçoit dans son bureau, situé à deux pas de la place centrale de Turin, laquelle me fait irrésistiblement penser à un tableau animé de Giorgio de Chirico. Zagrebelsky analyse simplement la situation italienne : les magistrats sont portés par l'opinion publique qui a enfin compris que la corruption et la Mafia étaient des dangers mortels pour la démocratie. Résultat : une poignée de substituts est en train de vaincre la corruption politique tandis que d'autres, à Parlerme, Rome, ou Naples, portent des coups très sévères à Cosa Nostra. Pour leur grande majorité, ces magistrats sont extrêmement compétents en matière financière. L'efficacité est en effet à ce prix : la détermination, le courage parfois, le poids de l'opinion publique ne suffisent pas, la compétence technique reste la condition *sine qua non*.

Il a été montré au début de ce livre combien la délinquance économique et financière est peu réprimée en France. Or, le blanchiment n'est qu'une variété d'infraction financière. Pourquoi dès lors ne pas *mettre en place au niveau de chaque cour d'appel des juridictions spécialisées* qui traiteraient de *toute* la délinquance économique et financière, blanchiment compris ?

Ce premier point de réflexion étant acquis avec Zagrebelsky, à l'issue d'une longue comparaison entre les situations française et italienne, je l'interroge sur la « super-procure » conçue par Giovanni Falcone.

– Vous avez rendez-vous à Milan avec Guiliano Turone ? Il vous en dira plus long que moi là-dessus...

Milan ! Je suis très impatient de faire la connaissance de Giuliano Turone. Ancien juge d'instruction de son état, il a contribué à créer la super-procure, unité composée de vingt et un substituts et chargée de coordonner la lutte anti-Mafia. J'arrive avec retard au rendez-vous qu'il m'a fixé dans un restaurant des faubourgs milanais. Grand, cheveux grisonnants, jean et pull trop amples, il me fait penser à l'un de ces intellectuels des années 70 un peu décalé dans notre fin de siècle moderne et moraliste. Je le sens tendu, plein d'énergie contenue. Il mange sans y penser, tourné vers autre chose : il vient lui-même d'intégrer cette super-procure tant désirée par Falcone et les magistrats siciliens. Son scepticisme affirmé a quelque chose de curieux, de rassurant.

Et de fait, il m'explique : afin d'éviter tout dérapage, il a pris soin de limiter, dans les textes qu'il a rédigés, les pouvoirs de la super-procure. Ainsi le chef de cet organisme, le procureur national anti-Mafia, n'enquêtera-t-il pas lui-même mais se contentera-t-il d'un rôle de coordination. Il centralisera aussi les informations sur le crime organisé et en assurera la diffusion... Je suis tout à fait surpris. Alors que la justice italienne doit combattre de front ces véritables États dans l'État que sont les Cosa Nostra, Camorra, Ndrangheta et autre Sacra Corona unita, elle fait l'économie, à la demande même de ses juges, d'un service central fort, aux pouvoirs d'enquête étendus. Turone semble faire toute confiance aux juridictions régionales spécialisées, mieux capables selon lui d'apprécier, sur le terrain, les nouveaux développements à apporter aux enquêtes en cours, la super-procure n'intervenant qu'au deuxième degré, en apportant une logistique supplémentaire, si besoin est.

Turone m'a communiqué son scepticisme. Si, en Italie, un service central judiciaire n'est pas nécessaire pour lutter contre la Mafia, pourquoi en créer un en France alors que le danger est bien moindre ? Des juridictions régionales, ici comme de l'autre côté des Alpes, devraient suffire à la tâche. Bien sûr, il resterait à résoudre le problème des relations avec les polices et les autorités judiciaires étrangères et à centraliser, analyser et diffuser les informations recueillies par T.R.A.C.F.I.N., l'O.C.R.G.D.F., la S.R. de Paris, l'U.C.R.A.M., le service anticorruption, la cellule anti-Mafia et j'en passe... Ce rôle pourrait, sans inconvénient (c'est d'ailleurs une des conclusions du rapport d'Aubert), être confié à *une structure interministérielle autonome.*

Élargir le délit de blanchiment, renverser, au moins partiellement, la charge de la preuve, créer des juridictions spécialisées en matière économique et financière au niveau de chaque cour d'appel, mettre en place une structure autonome de collecte, de diffusion et d'analyse des données propres à la matière : voici tracées les grandes lignes d'une vraie stratégie anti-Mafia.

La lutte contre les organisations criminelles et contre le blanchiment de leurs bénéfices est un combat universel : du Japon à la Chine en passant par les États-Unis, la Russie, l'Europe ou l'Amérique du Sud, les mafias sont partout. Leur expansion continue sera le défi majeur de ces dix prochaines années pour les démocraties occidentales.

Il faut donc reprendre le glaive et dire comme Falcone : « Je ne me suis jamais demandé si je devrais affronter ou non tel problème, mais seulement comment l'affronter. »

Remerciements

Il est impossible de citer ici tous ceux qui, de près ou de loin, ont aidé à l'élaboration de cet ouvrage. Que soient tout particulièrement remerciés : Gerald D. Chapman, François d'Aubert, Jean de Maillard, Alain Labrousse, Edmondo Bruti Liberati, Alan Ringgold, le colonel Recordon, Giuliano Turone, Mario Vaudone, René Wack, Vladimiro Zagrebelsky, ainsi qu'Anne Tezenas du Montcel, Sabine Renault-Sablonière et Maxime Ioussine pour leur patience et leur compréhension.

ANNEXE 1

À propos d'une affaire récente

Cette affaire, récemment passée en jugement dans un tribunal de la région parisienne, éclaire les façons d'agir habituelles de certains banquiers, en l'occurrence ceux de la très célèbre BCCI...

Il s'agissait de juger une dizaine d'individus dont l'activité consistait à escroquer un certain nombre de sociétés travaillant régulièrement avec le secteur public. Il était demandé à celles-ci de payer, rubis sur l'ongle et fort cher, des encarts publicitaires dans des revues proches de partis politiques ou de syndicats, ce qui était censé faciliter leurs rapports avec l'administration.

Un de ces escrocs, Julien W., a expliqué au juge d'instruction que sa société n'avait aucune existence réelle, qu'elle ne possédait aucun bureau, ne tenait aucune comptabilité et n'employait aucun salarié. Ce qui ne l'a aucunement empêché d'ouvrir un compte au nom de ladite société à la BCCI et d'encaisser, en un mois, plus de dix millions de francs, retirés en espèces quelques semaines plus tard, et cela sans que personne se pose la moindre question!

ANNEXE 2

Schéma de blanchiments

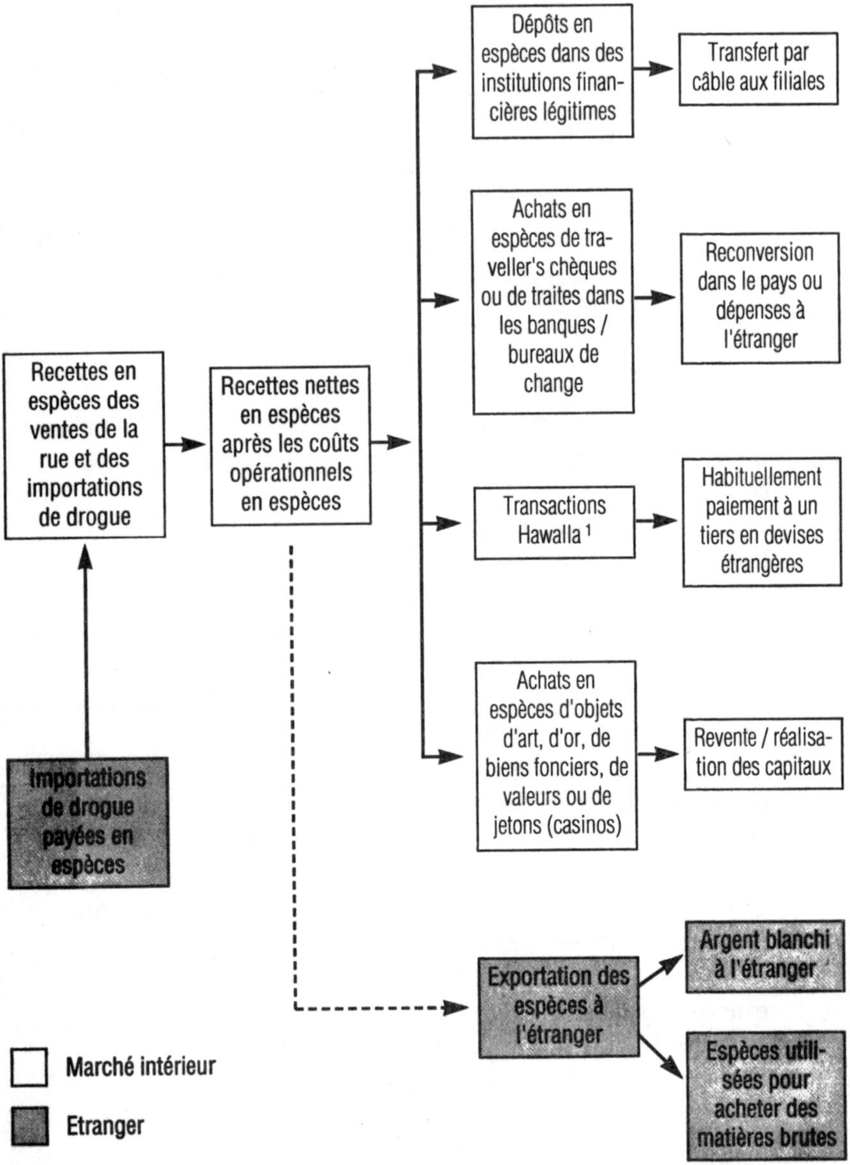

1. Les banques Hawalla sont des entreprises familiales clandestines qui offrent des services de transmission de l'argent. Elles sont souvent utilisées pour échapper aux impôts ou au contrôle des changes.

Source : Association des banquiers britanniques (British bankers association).

ANNEXE 3

L'escroquerie au blanchiment

Un signe ne trompe pas sur l'importance du blanchiment en France : il se développe depuis quelques mois un nouveau type d'escroquerie, l'escroquerie au blanchiment.

Il s'agit de faire croire à des intermédiaires financiers peu scrupuleux qu'en changeant une grande quantité de devises et en ne posant pas de questions sur leur origine, ils vont pouvoir encaisser une commission de 25 ou 30 % sur le montant total des espèces converties (la commission officielle des banques est de 8 ou 9 %).

C'est ainsi qu'un homme d'affaires allemand, Gunther B., habitant l'Est de la France, a vu disparaître le montant de ses économies... Contacté au début de l'année par une vague relation professionnelle, Jacques Z., il rencontre grâce à ce dernier un mystérieux intermédiaire qui lui propose le versement d'une commission de six cent mille francs sur une opération de change de devises lires/francs pour un montant de deux millions de francs. L'offre est alléchante, et l'intermédiaire convaincant. Rendez-vous est pris avec les commanditaires de l'opération, faux mafieux italiens de leur état, et très pressés de réaliser la chose : Gunther B. doit se procurer un million quatre cent mille francs en espèces, les placer dans un casier de la consigne de la gare de Nancy et en donner la clé à l'intermédiaire qui lui remettra en échange la clé d'un casier de la consigne de la gare de Metz qui contiendra deux millions de francs en lires.

Gunther B. se méfie et fait part de ses craintes à Jacques Z. qui lui « conseille » d'abandonner. Gunther B. s'entête, Jacques Z. lui recommande alors de prendre des gardes du corps... qu'il se charge de recruter.

Au jour dit, Gunther B. rencontre l'intermédiaire à la gare de Metz. Dans un casier de la consigne, une valise contient les deux millions de francs en lires italiennes. Gunther B. exige, et obtient, qu'un des billets lui soit donné. Il laisse sur place, devant le casier de la consigne, deux de ses gardes du corps et va à sa banque où il s'assure que le billet est vrai et où il se fait remettre un million quatre cent mille francs en espèces. Accompagné de trois autres gardes du corps, il dépose le tout dans un casier de la gare de Nancy dont il conserve la clé. Il laisse deux de ses gardes du corps devant ce casier et part dans une chambre d'hôtel où l'intermédiaire vient le rejoindre. L'échange des clés se fait. Gunther B. est serein : aucune entourloupe n'est possible, les deux casiers de consigne étant surveillés de près par ses hommes. Ultime précaution : il fait filer par son dernier costaud l'intermédiaire qui a en poche la précieuse clé. Puis, il se précipite à la gare de Metz et trouve un casier de consigne... béant et vide de tout contenu. Du reste, tout le monde a disparu avec les lires et l'argent de Gunther B. : les faux mafieux, les gardes du corps, l'intermédiaire et Jacques Z. Profit brut pour les truands : un million quatre cent mille francs!

Annexe 4

Schéma du circuit financier du *loan back*

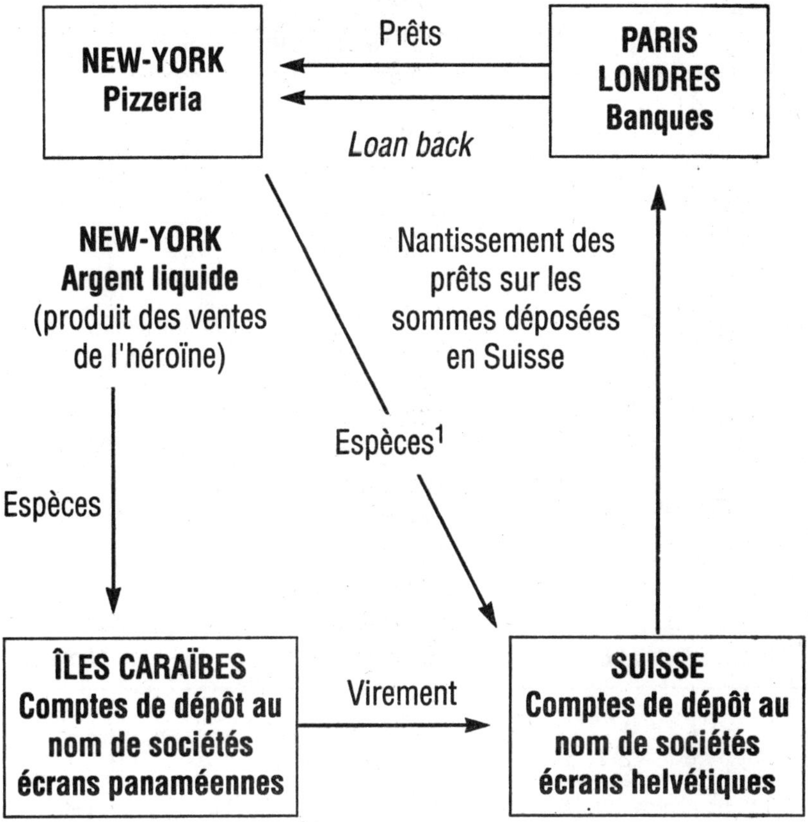

1. Versement en espèces possible directement sur un compte suisse (opération plus dangereuse donc moins pratiquée).

Source : Serge Garde et Jean de Maillard, **Les beaux jours du crime,** *Plon, 1992.*

Annexe 5

Schéma de la structure de Cosa Nostra

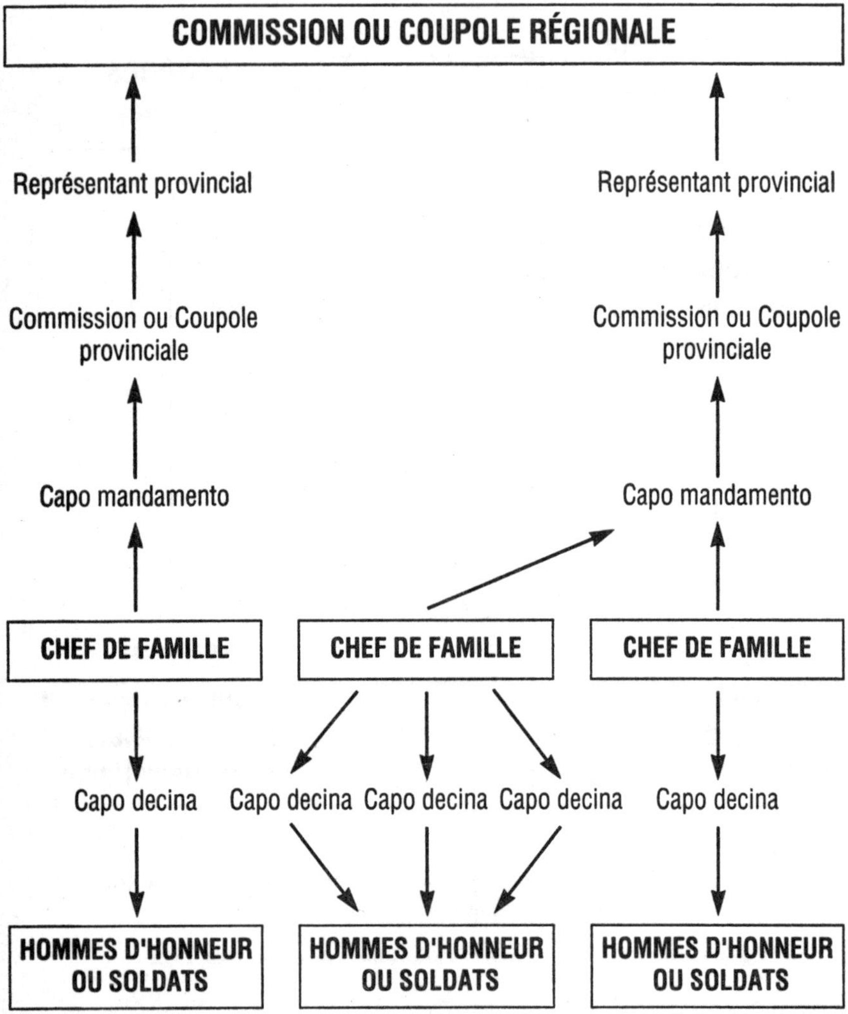

C'est seulement dans la province de Palerme (la plus importante et la plus riche en «familles») qu'existe la Coupole provinciale. Dans les autres, les «familles» élisent le représentant provincial.

Il y a neuf provinces en Sicile. Il semble que Cosa Nostra, en tant qu'organisation, n'existe ni à Messine, ni à Syracuse, ni à Raguse.

Source :** Giovanni Falcone et Marcelle Padovani,* **Cosa Nostra , le juge et les hommes d'honneur,** ***Édition*° *1 / Austral, 1991.

ANNEXE 6

Extrait du rapport *Banlieues : les nouvelles frontières*, d'Adil Jazouli

La toxicomanie et les trafics auxquels elle donne lieu ont fondamentalement changé de nature et d'échelle durant ces dernières années, voire ces derniers mois. Nous ne sommes plus face à des petits *deals* qui concernent une minorité de jeunes bien identifiés. La consommation de la drogue fait toujours partie de cet univers de précarité et de désorganisation sociale et personnelle que nous appelons la « galère », mais l'« économie » qu'elle génère se structure de plus en plus et occupe dans certains quartiers et familles une place qui, de marginale et épisodique, devient centrale et permanente.

La massification de l'exclusion et des conduites marginales [...] offre un terreau tout à fait propice au développement de logiques délinquantes, qui imposent leurs propres modes de relations et de fonctionnement, avec la formation de clans et d'alliances, et les conflits que cela génère. Cette situation empire ces derniers temps du fait de l'arrivée sur le marché de quantités impressionnantes de cannabis, d'héroïne, de cocaïne, etc. Certains sous-quartiers que nous avons observés sont devenus en peu de temps de véritables plaques tournantes d'un trafic qui prend des proportions alarmantes. [...]

Des groupes locaux s'organisent, se partagent parfois violemment des marchés et des territoires et s'entourent d'un maximum de discrétion. Les jeunes *dealers* qui « flambent » d'une manière trop ostentatoire, pouvant attirer l'attention de la police ou du voisinage, sont appelés par les têtes de réseaux à plus de modération. Peu à peu, un petit milieu aux caractéristiques fortement mafieuses s'organise, se structure et investit dans des secteurs économiques légaux les bénéfices dégagés. Le rachat de certains commerces, restaurants et autres activités tertiaires par des personnes n'ayant pas, *a priori*, les revenus nécessaires pour de telles opérations sent le blanchiment à plein nez.

Autour de ces groupes structurés, mais fort discrets, se constituent des petites bandes qui, de manière plus ou moins autonome et de façon beaucoup moins structurée, organisent la revente à petite échelle. Ainsi l'économie de la drogue est en train de « pourrir » un certain nombre de quartiers avec, parfois, ce qui est encore plus inquiétant et de plus en plus fréquent, la complicité de certains parents qui ont perdu tout repère et finissent par servir de « boîtes aux lettres » grassement rémunérées.

Nous ne sommes encore qu'au début du développement de ce phénomène qui transforme radicalement les approches à l'égard de la toxicomanie. Dans un univers où le fait de fumer un joint devient monnaie courante et où les adolescents commencent à « s'envoyer en l'air » à l'aide de tranquillisants associés à de la bière ou de l'alcool, les problèmes posés par la prévention et la répression doivent être remis sur le tapis sans tabous pour sortir enfin des sentiers battus dont l'efficacité a atteint largement ses limites [...]

Il est nécessaire de s'interroger sérieusement sur l'échec flagrant de nos méthodes de prévention [...] et de sortir du conservatisme et des frilosités actuelles qui font objectivement le jeu d'un trafic passé à un stade largement supérieur à celui qu'on connaissait.

Il faut aussi interroger l'activité policière, parce que les habitants de ces quartiers ne comprennent pas, mais alors pas du tout, pourquoi les trafics les plus divers se passent sous leurs yeux et sans qu'il y ait intervention rapide et efficace d'une police censée appliquer la loi. Les explications policières sur la nécessité de remonter les filières et de démanteler les réseaux au lieu d'intervenir au coup par coup sont tout à fait acceptables, encore faut-il qu'elles soient données régulièrement à des citoyens exaspérés et impuissants. Car pendant que les services de police font un travail d'enquête – souvent long et difficile tant les réseaux sont hermétiques – afin de mettre à bas certaines filières, dans les quartiers la situation continue de s'aggraver, d'où le décalage entre l'action de la police et la demande des habitants, que nous avons bien ressenti lors des confrontations policiers/habitants dans le cadre de nos groupes témoins.

Enfin, et pour conclure provisoirement ce chapitre, il faut lever quelques tabous et poser la nécessité d'ouvrir un véritable débat national et européen sur l'opportunité, ou non, de mener une politique de déprohibition de la drogue comme mesure nécessaire à l'éradication progressive de l'économie souterraine qu'elle engendre. Nous le savons bien, et nous ne sommes ni naïfs, ni utopiques, le trafic se mondialise et se diversifie à la faveur des guerres, des complicités de certains États et de la lâcheté coupable du plus grand nombre, et il y aurait de quoi devenir légitimement fataliste.

Mais face à la drogue, à ses réseaux et à ses conséquences, il faut se mettre en état de guerre, où toutes les armes légales doivent être utilisées. La déprohibition ne peut être une fin en soi, il faut en parler avec les acteurs politiques, sociaux, professionnels et avec les groupes sociaux les plus menacés. Nous savons aussi que les conditions politiques et la sérénité nécessaires à ce type de débat public et contradictoire ne sont pas encore réunies, loin de là, mais nous estimons de notre droit, et même de notre devoir, de poser la question en espérant qu'elle puisse trouver un écho, et provoquer un véritable débat national. [...]

ANNEXE 7

Blanchiment : textes applicables et vides juridiques

Vers une extension du délit de blanchiment

En France, le blanchiment de fonds n'est réprimé qu'à la condition d'être associé à une infraction à la législation sur les stupéfiants.

Deux textes sont applicables en l'espèce :

– l'article L 627 alinéa 3 du Code de la santé publique : *Seront punis d'un emprisonnement de deux ans à dix ans et d'une amende de 5 000 F à 50 000 000 F, ou de l'une de ces deux peines seulement, ceux qui, par tout moyen frauduleux, auront facilité ou tenté de faciliter la justification mensongère de l'origine des ressources ou des biens de l'auteur de l'une des infractions mentionnées au premier alinéa* [1] *ou ceux qui auront apporté leur concours à une opération de placement, de dissimulation ou de conversion du produit d'une telle infraction;*

– l'article 415 du Code des douanes : *Seront punis d'un emprisonnement de deux à dix ans, de la confiscation des sommes en infraction ou d'une somme en tenant lieu lorsque la saisie n'a pu être prononcée et d'une amende comprise entre une et cinq fois la somme sur*

1. Les infractions à la législation sur les stupéfiants.

laquelle a porté l'infraction ou la tentative d'infraction ceux qui auront, par exportation, importation, transfert ou compensation, procédé ou tenté de procéder à une opération financière entre la France et l'étranger portant sur des fonds qu'ils savaient provenir, directement ou indirectement, d'une infraction à la législation sur les substances ou plantes vénéneuses classées comme stupéfiants.

Satisfaisants en apparence, ces textes ne permettent pas de réprimer le blanchiment de l'argent sale en France. Ainsi, en matière douanière, aucun cas de blanchiment n'a été poursuivi jusqu'à ce jour [1].

Quant au délit prévu par le Code de la santé publique, sa répression est intimement liée à celle du trafic de stupéfiants. Pratiquement, les services spécialisés font ce qu'ils faisaient auparavant : ils tentent de remonter les filières utilisées par les trafiquants, puis, une fois ces filières remontées, s'attaquent, le cas échéant, au blanchiment des bénéfices générés par le trafic. Il est alors bien évident que la part du blanchiment ainsi réprimée est très faible puisqu'elle ne représente qu'une petite partie des fonds blanchis par les trafiquants de drogue.

Enfin, restreindre le blanchiment au seul trafic de stupéfiants permet aux blanchisseurs d'utiliser un système de défense simple et extrêmement efficace : il leur suffit de reconnaître (lorsqu'ils ne peuvent plus faire autrement) qu'ils ont, certes, blanchi de l'argent, mais sans savoir que ces fonds provenaient du trafic de drogue. À noter que le délit de recel est inapplicable en

1. Cf. propos tenus par M. Delasalle, chef de la 4e division (celle qui est chargée du contrôle des mouvements financiers) de la D.N.R.E.D. (la Direction Nationale du Renseignement et des Enquêtes Douanières) dans le cadre d'un stage sur le blanchiment de l'argent sale à l'École nationale de la magistrature.

la matière, le lien entre un trafic de stupéfiants parfaitement identifié dans l'espace et le temps et le blanchiment de fonds mêlés à d'autres et provenant de X sociétés écrans étant, dans la pratique, impossible à prouver.

L'obstacle majeur rencontré en France pour la répression du blanchiment est donc bien lié à l'absence d'un large délit de blanchiment, qui couvrirait le trafic de stupéfiants mais aussi toute l'activité provenant du crime organisé. C'est, par exemple, le cas aux États-Unis, en Italie et en... Suisse.

Vers un renversement partiel de la charge de la preuve

On voit bien que les banquiers bénéficient en France d'une quasi-immunité en matière de blanchiment. Immunité permise parce qu'il est très difficile d'apporter la preuve de la connaissance par le banquier de l'origine douteuse de fonds qui semblent avoir été blanchis.

En Italie, c'est au financier suspecté de blanchir de l'argent de prouver sa bonne foi. Sans aller jusqu'au renversement total de la charge de la preuve (si la personne soupçonnée ne peut prouver l'origine légale des fonds qu'elle a en sa possession, elle est déclarée coupable), il serait souhaitable d'établir, une fois pour toutes, le code de bonne conduite du parfait intermédiaire financier. La bonne foi pourrait ainsi se déduire du respect de ces règles et la mauvaise foi de leur non-respect, étant entendu que la mauvaise foi, ajoutée à la constatation du blanchiment de fonds d'origine criminelle, conduirait à la condamnation de l'intermédiaire peu scrupuleux. Ce système à deux étages aurait un double avantage : permettre une autodiscipline de ces professions qui auraient, sous le contrôle de leurs autorités de tutelle, à imaginer et à faire respecter ce code, et faciliter le travail des enquêteurs chargés de remonter les filières de l'argent noir.

Vers une définition légale des concepts liés au blanchiment

Mis en place hâtivement, le système des déclarations de soupçon (T.R.A.C.F.I.N.) pose d'évidentes difficultés juridiques. Ainsi, le soupçon n'est pas défini par notre Code pénal. Est-ce une simple présomption ou au contraire une charge ? Est-ce une notion qui s'intercale entre la présomption et la charge, ou est-ce une sorte de sous-présomption ?

Dans le même ordre d'idées, il est parfaitement dommageable que la notion même de blanchiment n'ait fait l'objet d'aucune définition dans notre Code pénal. Les interrogations sont, là aussi, nombreuses : quand peut-on parler de blanchiment ? Au stade de l'empilage, du placement, de l'intégration, ou bien lorsque ces trois stades sont dépassés ?

Enfin, aucune définition de l'organisation criminelle n'existe alors que ce concept juridique nouveau, dans le droit français, apparaît subrepticement dans la loi du 29 janvier 1993, dite « anticorruption », qui impose aux banquiers une nouvelle obligation de déclarer à T.R.A.C.F.I.N. leurs soupçons en cas de mouvements de fonds semblant provenir de l'activité d'organisations criminelles.

Pour ce qui concerne les opérations sous couverture (appliquées aux États-Unis depuis trente ans), elles sont désormais possibles en France en matière de trafic de stupéfiants et de blanchiment de fonds provenant d'un tel trafic (loi du 19 octobre 1991). Cette loi prévoit un cadre général d'intervention, aucune précision n'étant apportée quant à la façon d'envisager et de mettre en œuvre de telles opérations. S'agissant d'une technique d'enquête totalement nouvelle en France, il est absolument nécessaire de détailler les protocoles applicables et de résoudre les difficultés posées par les relations entre les agents sous couverture, leurs chefs et l'autorité judiciaire.

Il est d'autre part regrettable que ce type d'enquête soit réservée au seul trafic de drogue, il serait très opportun d'en élargir le domaine à toute la criminalité organisée et au terrorisme.

Annexe 8

Vers un « office parlementaire d'étude sur la criminalité »

En juin 1993, François d'Aubert et le groupe UDF de l'Assemblée nationale ont déposé une proposition de loi sur la création d'un office permanent composé de sénateurs et de députés dont l'objectif est l'étude du crime organisé. L'exposé des motifs de cette proposition de loi est suffisamment intéressant pour qu'on le cite ici.

EXPOSÉ DES MOTIFS

La commission d'enquête sur les moyens de lutter contre les tentatives de pénétration de la mafia en France, créée le 23 octobre 1992 à l'Assemblée nationale, a montré l'insuffisance de l'information des parlementaires et de l'opinion publique sur les activités multiples et en développement en France comme en Europe de la criminalité organisée. Le caractère temporaire de la commission d'enquête et l'impossibilité d'en créer une nouvelle sur le même sujet pendant un an rendent l'étude et le recueil des informations partiels et difficiles. Cette présente proposition de loi vise à créer, de ce fait, sur le modèle de l'Office parlementaire d'évaluation des choix scientifiques et technologiques, un office parlementaire, commun à l'Assemblée et au Sénat, chargé d'étudier les organisations criminelles.

1. La commission d'enquête a prouvé l'existence de foyers mafieux en France qui rendent nécessaire leur suivi.

Le rapport de la commission d'enquête sur les moyens de lutte contre les tentatives de pénétration de la mafia en France a prouvé l'existence de situations mafieuses. L'État paraît de plus en plus impuissant à endiguer le développement de bandes organisées qui vivent du trafic de drogue et qui pratiquent auprès des commerçants et de la population, le racket et l'intimidation. Ces faits ont été décrits dans plusieurs rapports dont ceux du préfet Robert Broussard et de Julien Dray.

Les organisations criminelles utilisent, entre autres, notre territoire comme voie de communication, ou comme base de refuge. L'instauration du marché unique européen au 1er janvier 1993 a créé, en effet, un espace sans frontière de plus de trois cent quarante millions de personnes, qui constitue un terrain d'action privilégié pour la mafia.

Le trafic de drogue qui représente l'une des principales activités de la criminalité organisée profite de cet espace pour s'accroître. Le trafic européen est ainsi évalué à plus de deux cents tonnes par an. Il nécessite des structures élaborées concernant l'importation, la fabrication, la commercialisation et le blanchiment de l'argent.

Si le rapport de la commission d'enquête a indiqué que la mafia ne disposait pas actuellement d'un réseau sur tout le territoire, il a en revanche prouvé qu'elle cherchait à multiplier ses implantations.

La France est particulièrement menacée par les activités de deuxième et de troisième niveau; c'est-à-dire le blanchiment de l'argent et l'utilisation de cet argent. Le blanchiment de l'argent sale permet d'en dissimuler l'origine illégale afin de le réintroduire dans les circuits économiques et financiers licites.

Selon le Groupe d'Action Financier sur le Blanchiment de l'Argent, le montant de l'argent en provenance du trafic de drogue s'élève à plus de cent vingt milliards de dollars. L'argent du crime blanchi en Europe est estimé entre quatre-vingt-dix et cent milliards de dollars.

Le rapport de la commission d'enquête a montré d'inquiétantes faiblesses dans le dispositif français de surveillance. L'existence de paradis fiscaux comme l'île franco-néerlandaise de Saint-Martin facilite, par exemple, les opérations de transferts et l'utilisation de sociétés écrans. La principauté d'Andorre échappe en outre, totalement au contrôle de la Commission bancaire, Monaco y échappant partiellement.

Le réinvestissement de l'argent blanchi s'effectue en France dans des secteurs qui connaissent une tradition de paiement en espèces.

La commission a montré que de nombreuses opérations concernant des casinos, des golfs ou l'immobilier apparaissent suspectes en raison de l'origine des fonds.

Compte tenu des risques économiques, fiscaux et du danger pour le maintien de l'ordre public, les députés et les sénateurs se doivent d'être particulièrement vigilants sur les menaces de développement de la criminalité organisée.

2. Les parlementaires français souffrent d'une insuffisante information sur le développement de la criminalité organisée et de ses conséquences.

La commission d'enquête sur les moyens de lutter contre les tentatives de pénétration de la mafia en France a démontré, par son travail et la publication de son rapport, sans enfreindre le règlement applicable aux commissions d'enquête, les lacunes de notre législation face aux dangers de la criminalité organisée. Son caractère temporaire n'a pas permis d'analyser l'ensemble des problèmes et leurs conséquences. Or, il est impossible de créer une nouvelle commission d'enquête pendant un an.

Afin de surveiller efficacement et de dénoncer toute tentative de développement de situation mafieuse, la présente proposition de loi vise de ce fait à créer une délégation parlementaire permanente.

De tels organismes permanents existent sous différentes formes en Italie, en Allemagne ou aux États-Unis.

M. Luciano Violante, président de la commission parlementaire d'enquête sur la mafia et sur les autres associations criminelles similaires, a souhaité la création d'un organe permanent sur la criminalité organisée en France pour proposer des législations harmonisées au sein de l'espace communautaire.

La commission italienne est composée de vingt-cinq députés et de vingt-cinq sénateurs et a été instituée par la loi du 7 août 1992. En Allemagne, une commission a été créée afin d'étudier la mise en place des accords de Schengen.

La création de l'Office parlementaire d'étude sur la criminalité organisée permettrait à la fois le recueil d'informations et la coopération entre les différents parlements. Son rôle ne sera pas de se substituer à la justice ou à la police. Sa principale mission sera la réalisation d'un état annuel de la criminalité organisée, de ses formes d'action et de ses modes de blanchiment de l'argent sale. Il pourra proposer des modifications de notre législation pour endiguer les phénomènes mafieux.

Cet office commun au Sénat et à l'Assemblée nationale afin d'utiliser les compétences de chacune des deux assemblées comprendra huit députés et huit sénateurs. Ils pourront procéder à des auditions et disposeront des pouvoirs prévus par le contrôle financier par l'ordonnance n° 58-1374 du 30 décembre 1958. Ils pourront le cas échéant et à titre temporaire bénéficier des pouvoirs attribués aux commissions d'enquête.

Cet office pourra soit s'autosaisir, soit être saisi par le bureau de l'une ou l'autre assemblée, soit à la demande d'un président de groupe, soit à la demande de soixante députés ou de soixante sénateurs, soit par une commission spéciale ou permanente.

Comme pour la commission d'enquête, l'office s'interdira d'étudier des faits qui font l'objet d'une procédure judiciaire.

Ainsi, l'Office parlementaire d'étude sur la criminalité organisée permettra de mieux connaître le développement au quotidien du danger que représente, tant pour la population que pour l'économie, la criminalité organisée.

Telles sont les considérations qui ont motivé le dépôt de la présente proposition de loi que nous vous demandons de bien vouloir adopter.

Bibliographie

Anonyme, *Un homme d'honneur*, Jean-Claude Lattès, 1989.

ARTHUIS Jean et HAENEL Hubert, *Justice sinistrée : démocratie en danger*, Economica, 1991.

Assemblée nationale, *Rapport de la commission d'enquête parlementaire sur la mafia en France*, 1993.

BODIGUEL Jean-Luc, *Les magistrats un corps sans âme ?*, PUF, 1991.

BRAGARD Bernard, GIBERT Frédéric et SINET Catherine, *J.M., le feuilleton niçois*, La Découverte, 1990.

BRESLER Fenton, *La mafia chinoise*, Éd. Philippe Picquier, 1980.

CASTERET Anne-Marie, *L'affaire du sang*, La Découverte, 1992.

CALVI Fabrizio, *La vie quotidienne de la mafia de 1950 à nos jours*, Hachette, 1986 et *L'Europe des parrains*, Grasset, 1993.

Conseil de l'Europe, *Conférence sur le blanchiment de capitaux*, 1992.

COSSON Jean, *Les grands escrocs en affaires*, Seuil, 1979 et *Les industriels de la fraude fiscale*, Seuil, 1974.

Cour des Comptes, *Rapports au Président de la République*, Direction des Journaux officiels, 1991, 1992.

D'ANDRIMONT Frédérique, *Fortunes de pierre*, Calmann-Lévy, 1993.

D'AUBERT François, *L'argent sale*, Plon, 1993.

DE CLOSETS François, *Tant et plus*, Grasset-Seuil, 1992.
DEROGY Jacques et PONTAUT Jean-Marie, *Enquête sur les affaires d'un septennat*, Robert Laffont, 1981 et *Enquête sur les ripoux de la côte*, Fayard, 1991 et *Investigation, passion*, Fayard, 1993.
DE TISSOT Olivier, *Sans âme ni conscience*, Balland, 1976.
DIVIER Pierre-François, *Lettre recommandée à François Mitterrand*, Éd. du Rocher, 1992.
DUBRO Alec et KAPLAN David, *Yakuza*, Éd. Philippe Picquier, 1986.
FALCONE Giovanni et PADOVANI Marcelle, *Cosa Nostra, le juge et les hommes d'honneur*, Édition° 1/Austral, 1991 et de PADOVANI Marcelle, *Les dernières années de la mafia*, Folio, 1987.
FALZONE Gaetano, *Histoire de la mafia*, Fayard, 1973.
FRECHES José et JEAMBAR Denis, *Le poisson pourrit par la tête*, Seuil, 1992.
GALLOT Didier, *Les fossoyeurs de la justice*, Albin Michel, 1991.
GARDE Serge et DE MAILLARD Jean, *Les beaux jours du crime*, Plon, 1992.
GAUDINO Antoine, *Le procès impossible*, Albin Michel, 1992.
HENRY Edmond-Luc, *De l'hémophilie en général et du crime en particulier*, Le Pré aux Clercs, 1992.
JAZOULI Adil, *Banlieues : les nouvelles frontières intérieures*, Banlieuescopies, 1992.
KERMOAL Jacques et BARTOLOMEI Martine, *La mafia se met à table*, Actes Sud, 1986.
LABROUSSE Alain, *La drogue, l'argent et les armes*, Fayard, 1991.
MADELIN Philippe, *L'or des dictatures*, Fayard, 1993.
MASSENET Michel, *La transmission administrative du sida*, Albin Michel, 1992.
MÉNY Yves, *La corruption de la République*, Fayard, 1992.
MILGRAM Stanley, *Soumission à l'autorité*, Calmann-Lévy, 1984.

Ministère de la justice, *Annuaire statistique de la justice,* La Documentation française, 1985, 1990.
Observatoire géopolitique des drogues, *La drogue, nouveau désordre mondial*, Hachette, 1993.
RENAUD Franck, *Le nouveau milieu*, Fayard, 1992.
RINGGOLD Alan G., *Money laundering undercover investigations*, U.S. Departement of Justice.
Sénat, *Rapport d'information sur le trafic de drogue dans l'espace Schengen,* 1992.
SCHROEDER William R., *Asset forfeiture and sharing in international investigations,* 1993.
STERLING Claire, *La pieuvre*, Robert Laffont, 1990.
STEWART James B., *Finance connection*, Albin Michel, 1992.
TRETIACK Philippe, *La vie blindée,* Seuil, 1992.
VAKSBERG Arkadi, *La mafia russe*, Albin Michel, 1992.
VARAUT Jean-Marc, *Le droit au juge*, Quai Voltaire, 1991.
VERGÈS Jacques, *La Justice est un jeu*, Albin Michel, 1992.

Table des matières

Cet ouvrage a été réalisé par la
SOCIÉTÉ NOUVELLE FIRMIN-DIDOT
Mesnil-sur-l'Estrée
pour le compte des Éditions Fixot
en août 1993

Imprimé en France
Dépôt légal : août 1993
N° d'impression : 23712
ISBN : 2-87645-195-6
50-60-5670-01